U0128534

刘炳卿　刘定九　刘政屏◎著

秋毫露滴

庐州刘氏文墨初辑

安徽师范大学出版社
ANHUI NORMAL UNIVERSITY PRESS

·芜湖·

图书在版编目(CIP)数据

秋毫露滴：庐州刘氏文墨初辑 / 刘炳卿, 刘定九, 刘政屏著. — 芜湖：安徽师范大学出版社, 2023.1

ISBN 978-7-5676-5894-3

Ⅰ.①秋… Ⅱ.①刘… ②刘… ③刘… Ⅲ.①社会科学 – 文集 Ⅳ.①C53

中国版本图书馆CIP数据核字(2022)第235135号

秋毫露滴——庐州刘氏文墨初辑　　　　　　　　　　刘炳卿　刘定九　刘政屏◎著
QIUHAOLUDI LUZHOU LIUSHI WENMO CHUJI

责任编辑：李克非　王文君　　　责任校对：李慧芳
装帧设计：王晴晴　　　　　　　责任印制：桑国磊
出版发行：安徽师范大学出版社
　　　　　芜湖市北京东路1号安徽师范大学赭山校区
网　　　址：http://www.ahnupress.com/
发 行 部：0553-3883578　5910327　5910310(传真)
印　　　刷：苏州市古得堡数码印刷有限公司
版　　　次：2023年1月第1版
印　　　次：2023年1月第1次印刷
规　　　格：700 mm × 1000 mm　1/16
印　　　张：16.25
字　　　数：246千字
书　　　号：ISBN 978-7-5676-5894-3
定　　　价：45.00元

凡发现图书有质量问题,请与我社联系(联系电话:0553-5910315)

一脉相承,三代书香

许春樵

明朝某个兵荒马乱的年头,或是民不聊生的季节,江西刘氏一家,头顶烈日、餐风露宿,一路跋涉到肥东。那个拖家带口逃难到合肥的祖先不会想到,几百年后有一个叫刘政屏的后辈子孙出版了一本名为《秋毫露滴——庐州刘氏文墨初辑》的书。

书中回望刘氏祖先的来路,记录合肥刘氏的生路,探索刘氏家族的心路。笔墨重点落在刘炳卿、刘定九、刘政屏身上。

刘政屏牵头,祖孙三代,每人携带一集文字,在书中聚齐了。《秋毫露滴——庐州刘氏文墨初辑》就像一个优雅安静的客厅,也像一座书声琅琅的书院,刘氏祖孙三代以各自的笔墨,书写着人生的况味,诵读着家族的荣光。

刘政屏书多,他送过我一本老版的《白鹿原》,在孔夫子旧书网淘到我二十年前的小说集《谜语》,每有全国著名作家到合肥,刘政屏必定能带上作家的代表作,见面先握手,后签名。对书的痴迷以至于刘政屏买书从来不惜血本,他收藏的书比他收藏的钞票要多得多。越过物质边界,土豪可分成不同类型,在合肥,刘政屏肯定是藏书土豪。

刘政屏是一个藏书家,还是一个写书人。他写了编了十几本书,他居住的这座城市是他深度开掘的写作资源,于是就有了接二连三的《阅读合肥》《倾听合肥》《享受合肥方言》"合肥文字"丛书（包括《合肥的小街小巷》）《撮造山巷上空的月亮》《合肥这座城》《漫步合肥街巷》等出版。合肥是他地理上的户籍地，也是他情感上的故乡。而刘政屏最有影响力、最能代表他精神实力和文学体验能力的是，长篇纪实文学《就这样，我们赢了》。写作写到人心里去了，文学价值就得到了最大化的实现。

基因被生物学命名，成了一个自然科学的概念。其实，历史和文化也是有基因的，其遗传的力量与生物学基因一样强大。《秋毫露滴——庐州刘氏文墨初辑》实证了这一判断。

刘政屏不是因为卖书而爱书，也不是因为爱书而写书，是他的文化基因引领他与书结缘、与文同行，这是在他来到这个世界前就已注定。

从零星资料推断，晚清刘氏家族与淮军应该是有些关联的，曾祖辈及至祖父都在军中和政府里领过薪饷，祖父刘炳卿在浙江省府里任过职，其伯父刘访渠是清太学生，做过翰林院待诏。而这个家族的本质定位——书香门第。

祖父刘炳卿，泼墨挥毫，书法大家，赋诗填词，从心所欲，虽娶正四品家千金，在浙江政府里任职也不过一年半载。他是作为文化名人成为合肥记忆的，在诗词、书法之外，刘炳卿以文论最见功力。《合肥沈用熙书法源流》纵论书道，随手拈来，点铁成金，梳理师承源流，皆是书法之精确要义。"书道通于事物之理，深思与工力，两者不可偏废。永字八法，即是一法，笔笔以点下，但下后要折，笔锋才能得力。笔在手中，要按得倒，提得起，一按一提，便能转换。"既有理论站位，又有实践支撑，三千多字，洋洋洒洒，是一篇自成一格的学术论文。

父亲刘定九先生做过文艺组织工作，但他的真正的身份是剧作家。在传统私塾和现代学堂双重熏陶下的父亲，国学功底深厚，对西方戏剧模式有足够的认知，他整理、编写和创作的庐剧《点大麦》

《皮氏女》《焦裕禄赞歌》,京剧《郑成功·背父报国》《红缨似火》,在追求戏剧性结构、塑造鲜明艺术形象的同时,注重对人物内心情感世界的纵深挖掘和精准提炼。如果拿《红缨似火》与当年的电影《闪闪的红星》比较,《红缨似火》更接近于生活化、人性化,是较早颠覆脸谱化和概念化的艺术创作,其时代意义大于主题价值。

刘政屏出生在一个"谈笑皆鸿儒,往来无白丁"的家庭中,成长于诗书歌戏的文化背景下,卖书是他的生活姿态,读书是他的生活方式,藏书是他的生活惯性,写书是他的生活理想,编书是他的生活趣味,出书是他的生活成果,他把自己全方位交给了书,书就成了他人生的终极价值。

如果要对《秋毫露滴——庐州刘氏文墨初辑》作一个整体性描述,我以为,用"一脉相承,三代书香"较为合适。

目　录

刘　炳　卿　集

刘　定　九　集

刘政屏集

附录

刘炳卿集

合肥沈用熙书法源流

名贤法书，为我国艺术之一，而作书讲究方法，由来已久。汉魏之间，即以"多力丰筋者圣，无力无筋者病"为作书要诀。自后历代多有评书之篇，与研究书法之著。而能探微抉奥，堪称精当者，在唐推吴郡孙过庭之《书谱》，在清推泾县包安吴之《艺舟双楫》。但《书谱》六篇，亡于南宋，今存者惟《叙说》；《艺舟双楫·论书》开辟一家，为当时所重视。而亲从其学书闻名于后世者，有江都梅植之蕴生，仪征吴廷飏熙载，甘泉杨亮季子，高凉黄洵修存，余姚毛长龄仰苏，旌德姚配中仲虞等。安吴作书之法，既有其书，又多亲炙之士，一传再传，流传甚广，而石翁能得其深奥。

安吴作书，执笔宗拨镫法，而以名指得劲为要。其论书要旨，如："书道妙在用笔，能在结字，用北朝笔，参唐贤势，一笔三过折，指得势，锋得力，筋骨血肉具备，意曲、气满……"之类是也。安吴本是碑帖并重，而当时帖学盛行，忽视碑版。一时作书，大多流入狂怪软媚习气。安吴以为欲求骨力坚强，必须由碑入手，若只从汇帖求笔意，不知溯流穷源，势难深造。且汇帖中多伪迹窜入，更有翻之又翻，规模神气，两者俱失。故尝述王澍谓："江南足拓，不如河北断碑"之语。又以为结字本于用笔，峻落反收，结字自然奇纵，力排吴兴平顺之笔，崇尚山阴矫变之势，吸取前代各家之长，综合融会，特出创意。故自清道光以来，海内书学家以《艺舟双楫·论书》，称之为安吴书派。

合肥沈石翁为安吴入室弟子，专工书法，六十年如一日。安吴书法传于合肥,自沈石翁始。清同光年间,合肥学书于石翁者甚多,惟先伯父访渠公、张琴襄先生、先师张子开先生三人各有成就。而三人又各以其法教授弟子弥众,以此合肥传习包、沈书法,遂成风气,至今犹盛行弗衰。

沈石翁,名用熙,字薪莆,号石坪,八十后自号石翁。少闻包安吴为当代书宗,访之不遇,遇其高弟子吴让之,就询笔法。年三十时,始在江宁亲承安吴讲授三年。于安吴诸论,悉心研求,或有不能会于心与不能应于手者,安吴恒面作书以证之,且喜石翁笃信其法,教之益殷,期待特甚。故安吴与其子兴实家书中有云:"石坪本是合肥数一二好诸生,一见即执弟子礼,三年来有加无已,真近日难得者"。(此信全文,附印在《石翁临禊叙书谱合册》之后)石翁既授业于安吴,初则守法过谨,笔笔求着纸得力,字字求顾盼得势,纡徐平实,而少自然之意,石翁亦自以为不足,不轻为人作书。六十后,复辍八分,一意真草,常于课字中,自著硃笔,分别优劣,精心临摹,期于神似。至八十时,笔法精熟,趋于简变,柔和中而能浑劲。论者所谓绵里裹针者。又以临习碑帖既多且久,酝酿诸家,自成体势,至是翁自谓曰:"我书只有如此",盖亦自憙之言也。生平作字,不以人言之毁誉而移其守法之意志,故其为书,从无鲁莽草率之作。其沉雄揪敛处,真欲突过安吴。或以石翁书无安吴超逸之致议之,此境固非石翁之所长,而学宗安吴,沉着骏宕,宽博恬静,所以能自成为沈石翁书也。中岁以后,足不远出,四方知之甚少,而墨迹流传于合肥者多。其已刻石者有:《题赵幼丞墓》(八十六岁书)、《刘铭传碑》(九十岁书)两种。当两碑写成时,石翁皆命访渠公双钩上石。光绪二十五年九月,年九十卒于家。

先伯父访渠公,名泽源,书室名"诵抑轩",故又号诵抑。幼年师事沈石翁。翁教以安吴笔法,且曰:"作书要笔笔有透背之势,临写碑帖,以能得其筋骨神气为主,依形掠貌,无失古人之要。"于是作书,一唯翁言是从,翁喜其诚笃,为诲无隐,常命从纸墨之役,俾备观用笔出入来去,转折顿挫之迹,盖欲使继传其法也。久之,石翁谓其笔力雄健,可跻邓山人。三十前后笔意近似石翁,多取向势为书。四十以后,转用背势。至五十后,又以体笔过于方峻,不自洽意,于是用笔趋于蕴藉,字体务回互成趣,而以大气流行出之,此其平生作书之过程。然用意虽屡有变动,而逆入平出,步步崛强诸法,终不易也。常言:"书道通于事物之理,深思与工力,两者不可偏废。永字八法,即是一法,笔笔以点下,但下后要折,笔锋才能得力。笔在手中,要按得倒,提得起,一按一提,便能转换。"又言:"《艺舟双楫·论书》,是专门之学,若非深知书道之人,很难免于误解。"毕生精力独注于书艺,以布衣遨游公卿间,获观旧榻碑帖与名家墨迹甚广,己所收藏亦富。游踪所至,索书者多。笃守包、沈遗法,而能自树一帜。笔势洞达,外圆内方,鼓荡酣姿,充实骏发,有轩昂磊落之概。榜书雄峻安详,尤为并世书家所推重。气禀壮伟,宜享大年,而以性喜酒,隐受其病,年六十一(1923年1月),以中风疾逝世。

张琴襄先生敬文,少从沈石翁学书,普及年余,翁谓其进步甚快,且曰:"张某不独正锋会写,并能用侧势,极为难得。"琴襄先生闻之益锐志于书,尝于旅途中,昼行晚宿,一入旅店,必张贴临写课字。用笔沉刻绵密,而以排宕取势,草书尤为擅长,抽锋一线、杀字甚安、环转牵掣、起伏顿挫、平静道厚之中,而多变化,自包、沈之后,先生草书,可为巨擘。尝于稠人广坐中,众皆观赞某君之书,某君实非工书者,先生默无一言,其严峻不少假借如此。而与同好者论书,于用笔取势诸法,口讲指画,绕室往来,言之愈久,精神愈振,若有言不能尽之意。盖先生于书道,工力湛深,指劲、中实、势远、意险,是真能得安吴精微之所在。所书碑版,见于世者有五种(《天柱阁》《历城某墓志》《合肥苏某碑》《洪氏碑》《马王二公碑》)。其性行高洁,当曹琨贿选时,每票酬价万元,先生时为众议院议员,弃票不投,拂袖南旋,寓上海,鬻书自给。1938年春,日军飞机频炸合肥城市,先生避居城西南乡徐家圩,五月间合肥城陷,遂愤慨饮药捐身,年七十。

先师张子开先生，名文运，书室曰："商旧学斋"。年二十时，即好沈石翁书，屡以书法请询石翁，翁答如所问，并面作书以示之。然先师时方从事科举，不及从翁学书，迨石翁逝世，先师乃研究书法，时从访渠公、琴襄先生探询石翁微言，并纵观名碑法帖与历来论书要著，以安吴《艺舟双楫论书》至精，真有伐山开道之功，又以石翁书、法则具备，但用软笔柔劲，气势宽宏，甚是难学。于是用笔取法于包、沈，而行气参以米书之意。中岁改用硬笔脆劲，行锋峭厉，趋于方峻一路。晚年冥悟极深，采酿益广，以圆劲犀利之笔，运以宽绰飞翔之势，疏古纵宕，神韵超然，于包沈书派中自创一格，卓然成家。常谓："学书当致意筋骨气血神韵六事，而笔法则为之基。碑帖中如：《张清颂》《郑文公》《李元靖》《皇甫》《圣教》《争做》《云麾》《不空和尚》及《颍上兰亭》已能尽其奇变，无须务广而荒。闲须多看碑帖，日久即能领略其韵味。用笔正锋能直入，侧势则难得劲。"于此可见先师对于书法之主张。其文学深醇，又精于鉴赏。所书碑版数十种，墨迹流传甚广。1938年10月，以避日寇，流寓合肥南许贵村病卒，年七十五。

当先伯父与两张先生在世时，合肥从三先生学书甚多，就中造诣较深，而已经下世者，有陈君璞完名国璋、杨君午桥名华勋。陈杨二君入手皆从学于琴襄先生，及琴襄先生外游时，二人又请业于访渠公。访渠公卒后，璞完亦尝问法于子开先生。璞完于榜书，间架开拓，行笔有锋芒、有力量，气亦抽长，惟字体欠雅，行草书用直劲，少转换，年未五十而卒。午桥四体皆写，临摹功深，清疏温润，而有丰姿，但笔力嫌弱，无沉雄峻利之美，1952年61卒。其他谨守先生所授之法，临池无间，前进不已者尚多，兹不叙述。

学书之初，必须得用笔之法，以一横而论，起处笔锋直下，下后须提，提后折锋再行，行时副毫须用斜势。而锋行画中，始为中锋。收处微提，笔锋前行，上下顿挫，使墨到处锋皆行到，再用空势回收，此一横大概之法耳。其他笔画形式虽各不同，但每笔皆有数个过折。

作书无论何体，首重锋能入纸。欲求笔锋入纸，必须无转不折；转是换方向，折是转中换笔。转而不折，笔锋偏于一边，便成横扫；转而有折，行锋才能得力。转有翻转、绞转，又有半转，用笔取势，各有不同。

转折不清，不能抽锋得劲。乡先辈靳见白先生名理纯，从沈石翁学包安吴笔法，能作四体书，遨游四方，书名藉甚；碑刻题署，流播远近。一日石翁谓之曰："尔字转折少一笔。"靳先生曰："我晓得。"石翁遂不复言。靳先生对于转折错误，终未能自觉，故其书虽姿态横生，而不能免于偏软之病。可见书虽微艺，而于笔法细微处，不可疏忽视之。然得法之后，亦不可谓书即有成。既得其法，越写越熟，越有变化。盖笔法深处，境界甚多，得一境，又有一境，非锐志精心者，乌能登峰造极。以上皆就用笔而言，至于章法气韵，亦是大事，《艺舟双楫》言之已备，亦须细心考求。

作书虽同一师，而书之意趣风格，有不能尽相似者，其主要原因，在所学之碑帖或多或少，与对于某体某帖之工力，互有浅深。又艺术本于性情之流露，性情不同，表现自异，以此，书之形神，自然各有不同。大凡临习古帖，初得其貌，继得其法，终得其神，如其用笔之法相同，即所谓同一书派。要之，照法书写，而写出性情来，再取近代诸家优点，可谓善学书矣。

或谓写字只要活泼飞舞，不必拘于有法，此则背越规矩，师心自用，欲书之工难矣。

余幼从先伯父学书，又习闻两张先生论书语言，因编次合肥先后传习安吴书法之渊源，以见绵延百年之久，迄今尚有多人继承而不坠，斯亦艺林之盛事。

（原载《安徽文博》，1981 年第 1 期）

附一：刘泽源编《石翁临禊叙书谱合册》题诗并跋

吴昌硕

鱼龙出没翻江湖，孰把双楫迎安吴？

传灯让老久不作，石翁见佛同跏趺。

访渠书演拨镫法，师承授受密不疏。

安吴再传已仅见，秋毫露滴明光珠。

是册挂眼类师说，《书谱》墨翠《兰亭》都。

模粘老眼惊气象，海表斜插青珊瑚。

嗟予作书欠古拙，遁入猎碣成斌玞。

敢云意造本无法，老态不中坡仙奴。

醉后狂言渠大笑，古有仓颉还佉卢。

铸鼎重屋钟铸㠜，书中之画靡不无。

笔则直使豪则铺，一波一磔皆奇觚。

吁嗟！吁嗟！

艺舟欲渡中流狐，渠也付我碛定芦。

吴昌硕题诗手迹

访渠先生书法遒古,运腕得拨镫法,终莫测其师承,先生亦秘不宣也。今观石翁老人所临《禊帖》及《书谱》,飞动沈着,疏密相间,如读晋杨泉《草书歌》,始知先生为老人之及门而包安吴再传弟子,所以点画波磔盖有由来矣。岳学书未得古法,对此准绳,惭悚奚极!

丙辰春仲病目未痊,吴昌硕

(此七古亦见《吴昌硕谈艺录》一书,部分文字略有出入)

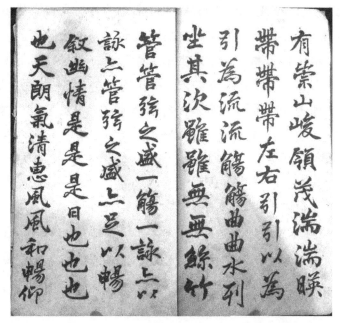

沈石翁书法

附二:《石翁临褉叙书谱合册》后记

刘泽源

源年二十时,锐志学书,闻人称沈先生书不为世俗好,独往师之。先生喜源笃诚,为诲无隐,常命徒纸墨之役,俾备观用笔出入来去转折顿挫之迹。曰:学书不知用笔,用笔不知著纸得力,依形掠貌,无失古人之要。故先生书无一处不用法,无一笔不为透背之势。然以言论方直,与人寡合,又年老足不远出,抱独,是之艺而知者恒寡。

同乡蒯礼卿京卿,最好先生书,常携所为书屏幛悬京师寓所。时京中有书名,推顺德李公若农,一日过京卿,见先生书,大惊,叹曰:"此真能为古人书者,吾辈但得古人躯壳,不足言也。"京卿言:"为乡先生,实亲受笔安吴包氏。"李谓:"如君言,当百岁矣。"京卿言:"方届八十。"云后,每有观者,京卿辄告之李之言,于是四方多知重先生书者矣。

先生后年九十终于家,自在时,无一日不书。逾八十后,书尤可贵。此临《兰亭》《书谱》二种,乃八十五六时书。源客京卿所,曾以索跋,京卿言:"吾知先生书于众人未知之前,卒使先生有四方之名者,亦吾也。尚有人所不能言者,当为子书之。"然卒未果为,今京卿与先生均为古人矣,源将公先生书于世,而以此册付石印。因并著京卿之知先生及所以广先生之名者。

甲寅正月二十日,门人刘泽源敬识

先伯父访渠公事略

先伯父讳泽源，字访渠，晚号懿翁，又题其斋曰诵抑轩。世居合肥东北乡，幼读书，以不工于制艺文，遂屏弃不为，然喜临欧阳率更书，颇能貌似。二十岁后，师事同邑沈石翁，翁授以安吴笔法，且曰：作书贵在指得势，锋得力，依形掠貌，非书学之要也。于是入锋取势，一遵师言，并寻绎安吴绪论。习之未久，翁称其笔力雄厚，能传其学。凡李唐名碑，泰山刻石，汉魏之分篆，晋唐之行草诸书，无不悉心探研，临摹不间。其后，以地方多故，不能逐日作课字，顾每晨起坐床，植指背临碑帖百数十字，始盥濯饮食，习以为常，虽在行旅中，亦不或辍也。

前清季年，以鉴赏名吴中，时端陶斋、费屺怀，均富收藏，咸请鉴别，遇有名贤手迹，辄勾摹以为矩则。

宣统二年，南洋举办劝业会，陈设艺术诸家作品，蒯公礼卿，怂恿先伯作五体书，悬诸会内，评者推为当世书法第一，特给最优等奖章。

嗜书既久，名声籍甚，所游沪、杭、平、津等地，索书者纷至沓来。壮岁写八分书，充实恣肆，晚于真行草书，骏宕遒润，大气流行，榜书尤雄厚豪迈，识者谓深得北朝笔意，近世罕有匹者。至今人于市肆间见有遗墨，不惜重资购藏，以为欣幸。

庚子年间，各地骚乱，大吏令地方办理保甲自卫，吾肥东北乡公举蒯公汉卿为总团练，先伯与姚公筱村、李公璞生，同任分团，昼夜防范,地方赖以安宁。

民元以后,合肥过军频繁,变患迭生,于时主军政者,孙品三、袁斗枢、季雨农、王和甫诸公,事有系地方安危者,皆就先伯商决,而地方人士遇有繁难纷争之事,亦常为先伯之言是从,以致官绅得以合力因应,地方幸免糜烂,今三十年矣,人犹称颂。

光绪二十七年,蒯公礼卿任正阳盐局总办,以与先伯有旧,聘请先伯助理督销事宜;二十九年,蒯公调任十二圩督销局,先伯常居蒯公金陵寓所,兼以书法教授蒯公诸子,而蒯公每有要务,多请先伯计处,常语人曰:刘君至性诚笃,能任大事,其书法传世,犹余事也。

三十二年,李君木公慕好沈石翁书法,商之蒯公,因请先伯移馆其家,教其子弟作书,李公饶资产,多商号,既钦先伯之为人,又请兼管其本城义和典务,相处数年,李公敬以宾师之礼,情亲意洽。

辛亥革命军兴,李公移家沪上,频行悉以家事付托主持,一时混乱之中,凡与李公有不谦者,嫉视其家,百端留难。先伯不避艰险,多力维持,久乃平息,事后亦群无闲言,知其事者,莫不重视先伯能于倾危之际,而应付裕如之不易也。

生平喜接名儒学士,同县如周六垓、张楚宝、蒯礼卿、江润生、张子开、张琴襄、李木公,他若马通伯、顾石公、缪艺风、段笏林、沈子培、冯梦华、李审言诸先生,皆交若弟昆,历久不渝。

平居寡言,不慕荣利。清光绪间,友人纳资为捐翰林院待招;民国八年,游北平,段公芝泉总理国务院,聘为顾问;民七年,聂公伟臣、许公世英,先后长皖,均聘为高等顾问。然先伯虽时有献替,其布衣常度,终不易也。

性嗜酒,好武术,至老不厌。躯干修伟,气体素健,年六十一遭重风疾卒于家,时民国十一年十二月二十六日也。

兹值重修家乘,父亲暨五伯父命述先伯事略,敬请能文君子,赐为家传,以载宗谱,谨略述之如右。

合肥包公祠左右回廊南口上方，刘访渠书写的"廉顽""立懦"

先伯父訪渠公事畧

先伯父諱澤潫字訪渠晚號懿翁又題其齋曰誦柳軒安居令
肥東北鄉勁讀書工不工于判藝文遂屏棄不為能喜臨歐陽
辛更書頗徒貌仅二十歲近碑事同邑沈右莊授以書吳章法
且曰作書貴在指得勢鋒得力依形搏貌非書道之要也于是入
鋒取勢一逼師言等尋澤安吳諸論習之朱久莊稱其筆力
雄厚能俦其筆 凡李唐名碑泰山刘石漢魏之多篆晉唐
三行草諸書志不悲心揣研於摹不間其後以地方多故不能
逐日作課字顏鲁晨起生床以指背於百數十字始盟濯飲
食習以為書行旅二不威輟也 前清季年以鑒賣名吳中

《先伯父访渠公事略》手稿

13

晚清安徽的典当业

安徽的典当业,由徽州人创始于咸丰年间,以后官僚、地主纷纷开设典当,至光绪十年以后,大县有典当五六个,小县一两个不等。初则典内业务,大多皆是徽州人担任。自典当业日盛,各县人士参加典当业渐多,分任典内各事,而"管楼"与"站柜"两项主要业务,仍然是徽州人居多。

一、典当业的人事组织

典内一般设三管——管事、管楼、管钱各一人。三管外,有站柜、写票、卷包、分清等人员,以及学生、伙役,皆各有专任职务。

管事:主持外交、调款,以及大小同人升调等事。

管楼:管理业务中进出货物,兼负监督学生工作之责。

管钱:管理银钱账目,办理报销之事。

站柜:分头、二、三等柜。头柜位于柜台中间,其他以左右为次。出当人送来衣物,站柜人估定当价,并将所当进之物,合并约束,拴一木牌,木牌上注明号数,及某月某柜字样,随即转嘱写票人写成当票后,站柜人再将当票与当价发给出当人。遇有皮衣、绸衣之细货,在当价内即时扣收存箱费百分之二(布衣免收)。至有赎当人持当票前来,站柜人凭票计收其应交之当本与利息后,再将原当物发还赎当人,其所赎之当票,由本柜人收回。

写票：凡当进之衣物，先由站柜人将出当人之姓氏、衣物件数及所当之钱数朗唱清楚。写票人即照其所唱内容，填写当票后，转经站柜人发交出当人。

卷包：所有当进之衣物，自钱票发出后，送交包房，由卷包人整理包扎，缩小体积，暂置包房，本日营业结束后再送进货房上架。

分清：分拣每日各柜当进与赎出之号数、钱数，分别登记、分清薄内，以便于管楼逐日按件校号，审核有无偏差。

学生：典内进出货物，往来送取，皆由学生担任。货房中有楼房，有平房，为便于分别起见，因以各个月份为区别。各月货房之目标及当票上，均以千字文顺次一字，（一千不同字，周兴嗣所编）为月份之代表。有赎取之票号来时，学生凭票至某房某架上，检对牌票号数，将原物取送站柜人分发。典内货房既多，货架又高，学生每日来往取送，行驶上下，穿梭如猿；若遇夜间大雨，学生须逐房、逐架探寻有无漏湿。为避免火烛，不准携带灯烛，皆于黑夜中摸索，偶一失足，便有跌伤危险。工作辛劳，待遇微薄，又典内学生规则甚严，犯者，"管楼"加以训斥，甚至体罚。

伙役：司厨、杂役、内巡更、外巡更。

各典当人数多寡以本典营业情况需要而定。

二、典当业的营业概况

设典之初，须由官厅备案，领取拍照，始能营业。典当业中之当价、当类与当期、当息，表面上皆有规定，但在进行业务时，则有较大的权变。

典当业以乡村农户为主要对象，每岁春夏之间，农人需款，便多当衣物以应急；至秋收卖粮有钱，又将当物赎回应用。当价标准，原按当物价值之半数为例；但日常穿用布衣等热货，每以五成以上当入，而时日不久，便多赎取回去。若遇一般可有可无之冷货，当价又

15

每额外减低,而赎回者反少。多半是日久利多,无力赎回。

当时典当如林,同业之间竞争日渐尖锐,各典一面提高当价,一面扩大当物品种,除以衣物为主之外,其余如金银首饰、珠玉钟表、铜锡器具以及一切古玩等等,举凡市面可以脱手,而又能获利者,悉皆受当不拒。当物定期,原为二年;又展期三个月,若再不赎取,即将当物卖与衣庄出售。当本之利息,最初月息一分,其后递增为一分二、一分六、一分八,最多至二分。一月零五天,仍照一个月计息;俗谓月不过五,倘一个月零六天,即照两月计算。定期之外,展限(当月名曰宽限)三月,其主要目的,是在希望出当人多能赎取,典方便能多获利息;本利收回,又能应当,周转灵活,无异增加资金。至若当物出卖与衣庄,是典内吃亏之事。

掌握典内业务,惟在"管楼"与"站柜"人熟悉市情,鉴别出当人之当物肯赎与否,或满期出卖得利如何。站柜与出当人,为直接交易者;管楼为审核当价高低者,二者均为典当业隆淡、盈亏之关键;站柜人虽遇崭新之衣物,必唱曰"破烂某衣几件";写票人填写当票,小即冠以"破烂"二字,此为衣服当进存典时,恐日久或有损伤,预先推卸责任,是以惯用此类字样;此皆营业与营利方法"技巧"之所在。

典当营业,态度有极恶劣者,在旧历年关时期。常有雨雪载地,手头窘急之人,每以衣物向当铺当时,原想多得当价若干,以满足其急需;而站柜人为谋利起见,多乘人之危低估当价,两方争较当价多少之间,站柜人竟有直将衣物推弃于柜台外,出当人掇借无门之际,只好忍气吞声,将衣物拾起,俯就站柜人意见,勉强成交。

典当业春当秋取,春当为上架,秋取为下架。上架时,一典有多至数十万架本;为调运资金,必须由钱庄用款;下架时,只留应当款额,其余悉数解送钱庄;典内平时不与任何商号、机关有存借款项往来,预杜流弊之丛生,一个钱庄,供应附近数典当用款;一个衣庄,承销附近数典出货;是典当与钱庄、衣庄三者有连环相辅之关系。豪富者开设典当,必设有钱庄、衣庄,可见牟利计划之精密。

三、典当业的税捐和意外赔偿

开设典当,以营利为业,既须备案领照等项手续,则自有照例之典税;城市每典每年典税,库平银一百一十两,乡镇每典五十五两,汇缴本省藩署,转解部收。光绪二十年后,皖省又设本捐,每年以架本钱一万串,抽钱二百串;此外还有活税,由所在地方确定,标准各有不同。

当进之衣物,典方必须妥为保存;若有偷窃或其他损失,按照典当业规定,应负赔偿之责;但遇有人力不可抗拒之灾害,可以免予赔偿。此中事例甚繁,又多有左右疑似之间。每于事故发生时,地方官厅对于有权势人之典当,多阴为袒护,冀能免其赔偿责任,倘由典内失慎起火,自应负责赔偿;但只照当票票面上之钱数赔付,需扣除典方应得之利息,此亦当时典当业中定例。

四、典当业的兴衰

同治末年,皖南崔氏等在安庆、芜湖两地开设典当。由于典当业既有厚利可图,又有衣物抵押,可高枕无忧,坐收渔利。各县富豪,遂转相仿效,组织当铺。十数年间,典当业日渐增多,不独县城为然,诚极一时之盛。而李鸿章之家族,藉其高官贵势,进行方便,在安徽各县开设当铺。先后计有八九十处之多。其胞弟李鹤章于光绪初年在合肥城内东门大街,开有"义和典",地方称为"老当铺",其子李经方于光绪十四年,在合肥城内廖巷西边(原地名为百赵村),开有"恒升典",地方称为"新当铺"。乡乡有开设"滚当"者,其资本甚微,每于资金将尽之时,又将其所当进之货物,转当于"义和"或"恒升",似此周转,滚当便能川流不息,维持其营业局面。

当时架本,咸以制钱计算(铜质铸造,中有方孔,一枚一文)。光绪二十八年,铜元出世(每枚十文),制铸价格,日渐低落,典当业因

17

之渐次亏本;资力弱者,亦多收歇,或整个盘典出售;典当业高涨之风,随之衰减。光绪三十四年冬,典当价本位,由制钱改为银元,钱价趋于稳定。未及三年,辛亥革命起,清政府被推翻,典当业皆停当停赎,陆续停业。迨辛亥后四五年,各地方又有集资开典,大多改为"代质"名称,限期一年,月息二分五厘;期短利重,甚于清末典当业者。

安徽各地,典当章程,原不尽同,各家典章,各有所异。以上所述不免有错误、遗漏之处,尚希研究典当业者,加以纠正。

一九六四年

(原载《安徽文史资料选辑》第十三辑,原名《清季安徽典当业》)

《清季安徽典当业》手稿

致沈曾迈(竹群)书信(七通)

一

竹群吾兄：

　　三月六日复书，并蒙赠尊公家传一册，内附石翁书跋二纸，均已收到，谢谢。承嘱之事，弟自应代为多方留意，昨与作屏兄商谈，渠亦拟于友好中问问有无愿意收留之人，目前好此书者极少，试谈之间先出价格尤无其人。兄将每件开一价目，弟与作屏当相机进行，俟有初步意见，再行函商决定，兄意以为如何？再者四小儿定九在合肥市文化部门工作，仰慕道范，极愿一聆教益，兹因公来南京，拟趁此机便，晋谒崇阶，特为附函介绍，尚祈进而教之为感。

六三年三月十二日

　　兄出赠伯瑟之联，急欲一观，昨去伯瑟处，值伊外出未晤，容日再往索观。

　　近来爱好书法者固少，即有好者亦多喜赵董一路的字。合肥市外省人亦甚多，如石翁一类字，亦无有要者，又现有中国书法简论一书，弟曾从熟人处借来一看，结论处连安吴书法亦极不谓然，可见当今书法一大变也。

闻师书尊公家传,当系七十以后书,兄曾记忆哪一年写的,便中
请告知。

刘炳卿书信底稿之一

附:

沈曾迈(竹群)复信

炳卿三兄:

三月十二日手函,奉悉。定九世兄,专攻文艺,又甚虚怀,前途
正未可量。惜弟拙劣,又久荒文字,对他实无所裨益。

所托事,承与作屏兄认真注意,至感。安吴书很久不为世重,遑
论石翁。现欲脱手,只家乡有一线希望。函示各节,确系实情。兹
托定九带上十一件(重赘累他,心殊不安),另开单附上,此价仅供参

考,一切伸缩,听凭兄与作屏兄作主。若有真好者而又无力,即举以相赠,弟绝不吝惜,原则是"独有不若分存较为长远",前函记已说过。谅蒙鉴察。

开师为先君书家传,记是1935年。师究于何年何月作古?年七十有几?下次有函来,请示及。

廿年前弟客居天津时,师友对拙书曾有题赠诗章,兹附请赐览。

弟寓南京棉鞋营十九号,惠函可不写"复成桥"字样。

复拜　起居多吉　作屏兄敬候并托恕不另简

附件二纸　又字轴等一包

弟沈曾迈拜上

一九六三年三月十六日

二

竹群吾兄左右:

旧历九月间,松崖兄偕其爱人回肥,晤谈多次,得悉松崖与兄熟识多年,而相处又甚亲善。现在同寓南京,时相过从。亦旅中之乐事。松崖回宁,弟托带上拙书两幅,请兄指正,旋承寄回一幅(尚有一幅写渔歌子,兄曾见否),并加注语于纸后。郑重其事,益觉劳累清神,殊抱不安之至。吾兄工书既久,鉴赏又广,对于鄙书用意来源,自能洞见无隐,弟于书法,好之虽属有年,而至今作字,尚不能免于恶目。往年临习碑版。意在追求骨力,其中神韵,既无所得,徒失板滞,又体势多不叫应,拙劣不堪,欲求大气流行自在满足而不可得。近年来,爱好东坡洞庭春色、中山松醪两赋,以及香光临鲁公赠裴将军诗,惜抱书苏诗两首(安庆印本),思有以改正拘拙之弊,但限于资质凡庸,胸襟狭隘,以致不能脱去陋习,徒羡先贤翰墨雄肆宕逸,而丝毫不能应手,无如之何。此是现在与往昔之趋向略有不同如此,颇欲就正吾兄,惜两地暌违,不能详细面谈耳。兄所书注语四

行,前两行字体较大,颇有大令十三行开拓沈肃笔势,轩昂雅致,意境超然,佩服良深,专此奉复。敬颂

冬祺

弟　刘绍信　拜启

六三年十二月三十一日

三

竹群吾兄左右:

一月五日手书奉悉,附来法书两份,展玩再三,益见吾兄年来作字,诚然与前大不相同,酝酿功深,趣味盎然。兹就鄙见所及,分别评议,未审当否?吾兄得毋笑我以识者自居耶。

书缶老百花卷稿,参用名贤笔意甚多。圆厚腴健,谨严中而有开张之势,尤以联语十六字,饶有和雅风韵,篆意草情,合而有之。安吴谓书道习法易,而创体难。吾辈传习包、沈书法,皆不能免于墨守迹象。兄之书势能自成,杼轴有创造之妙,至于篆书四字,起处用逆甚得势,收处行锋提笔,间有嫌快处,转折皆是。如能蓄势微提,折锋时微慢,当更竣利。以体而言,"壮"字好,以笔而言,"益"字好,"老"字微有涨墨,"当"字左右两大笔亦能得势,内中"田"字笔笔酣畅为最好。总之,四字用笔有奋搏之势,大有缶老笔意。比之于昔年为先伯父书写志盖,老练遒厚多矣。又兄所题"香光尺牍"篆书四字,亦甚好。乡先辈见白先生篆书,其结字与用笔,尚不能有如此讲究。此皆由衷之言,并非溢美之词。兹附呈拙书课字两张,请兄加以指正,以便互相研究。

十年以前,有宣与同(笠渔兄之子)及族侄家金,从弟学书,粗知起落,转换写时用力亦能上纸。嗣因忙于职业,遂皆辍而不学。现在同辈中有温君元白,不时见面,甚喜谈问书法,而后辈无人从弟学书矣。

前函所云石翁草书立轴，不知能否成局。此是丁遂生兄于旧历八月间即已拿去，谓其尊公四爷想留。昨日弟过洽老处，已面交五元，下余三元，云俟下月二日发薪再行补齐。大概有欲少价之意，但伊未出口，弟亦未有表示，拟候此八元收齐，再由邮寄来。

尊函云及未脱手之书件，除赠介屏课字一张，余均赠之于我。多年知交，原无不可，惟弟无妥慎收藏之方，决意却而不受，已将草书一页转交介屏。渠亦甚为感谢，弟亦援照介屏之例，留藏石翁课字真书一页，以作规矩准绳，永为法守。余件待有机会脱手后，再为函报，遵示暂不寄回。书百花卷原稿，并篆字各一纸，附函寄上，专复并询

炉安

附体三份

弟　刘绍信　敬启

六四年一月二十六日灯下

眼花不成字

刘炳卿书信底稿之二

四

竹群吾兄左右：

本月十日奉上一函，又《法书十一字》另包寄回，想早已收到。十二日早晨遂生兄将三元送来，连前已收之五元，共计八元（石翁草书立轴价款），兹由邮寄上，即希兑取。连日因春节事务较繁，已是稽延几日款始寄来。手启敬祝

春祺

阖府统此问好

弟　刘绍信　拜启
一九六四年二月十六日

五

竹群吾兄左右：

廿三日手书奉悉，又收到八行信纸一百张，此纸现在颇不易得，盛意赠我，感谢感谢。春节后，家乡于十四、十六和廿三日几次落雪，大致与南京相同。遍地冰雪，室内滴水成冰。大雪大冻，对于农作物虫伤大有裨益。今日正式放晴，背阴处积雪，恐仍须三几个好太阳始能化尽。

开师所遗题跋，弟无抄辑之本，今后当多方搜集，容日再为函达。祗颂

潭祺

弟　刘绍信　敬启
一九六四年二月廿七日

六

竹群吾兄鉴：

上月底作屏兄来舍，将尊存剩余石翁书两件持去。日昨来云，石翁行书中堂已经售去，价款八元（原定六元，此次增加二元），草书屏，观者认非真迹，作屏送回弟处，此件终恐难以脱手。兹将八元寄上，收到后请予示覆。

此次统由作屏关心，趁机脱售，并加价若干，弟与作兄同为欣然。据作屏说，现在肥东有某君，颇喜名人屏对，而以乡贤如石翁、见白先生等遗迹，最为欢迎（先时我们并不知道），作兄嘱函询吾兄，有无旧藏而意欲出让否。

前在程芷卿兄处，见其抄录开师文稿及题跋联语，得悉此项稿件均是芷兄近日寻得，诚属可喜之事。弟因与芷兄谈及吾兄早欲抄辑开师题跋，伊亦甚为赞同，惟原稿中多有删改串乙处，抄时颇为费神。现已抄出一部分，石孝谦兄正在校对，拟再请丁四爷审定。一俟洽老鉴定之后，弟拟将题跋一类抄寄吾兄，先专此奉闻。

敬颂

旅居清吉

弟　刘绍信　拜启

一九六四年五月十六日

七

竹群吾兄左右：

前接兄与弟及作屏一函，并附件三纸，当时以肥东某君与作屏时常见面。因将来书交与作屏作覆，现据作屏云，某君至今未来，拟候其来时，将兄寄书件之单，与伊看后，欲留何件，再函请吾兄将某件寄来作定。以单内名贵书件甚多,诚恐不易脱手,徒劳往返邮寄,而某君亦非真知书者,不过欲求中堂或对联一两件而已,以是迟迟多日,未及兄书。

开师题跋,现在洽老尚未看完,今与芷卿兄商定,俟洽老看完后,由芷卿代兄抄录一份(约有四五十条),芷卿为珍重计,不愿将其所录之稿本远寄外埠,一俟芷卿抄后,弟当寄与吾兄。

去冬合肥市政协邀弟参加写文史资料稿会议。弟曾写过一篇,题为《晚清安徽的典当业》,市政协转省政协,以为写得尚可,闻转全国政协。今春又邀弟参加此项会议,弟因又写一《合肥沈书源流》。此种资料,虽属地方文化方面,但在当今文史资料中,已属次要。以弟之浅陋,写此文件,甚不自量。惟原意很想发扬合肥传习包沈书法。初不为文史资料而写此篇,是否交于政协,容日再为决定,今虽脱稿,但对于书法与文字两方面,自然不免谬误之处,兹寄上初稿一份,敬请吾兄加以改正,以免贻笑大方,万望勿存客气,一定要在原稿上动笔,至盼,至祷,斧削后,仍请寄回。再此稿题目,初则是《合肥传习包安吴书法》,继改为《合肥沈书源流》,不审妥当否?请兄代为斟酌,如皆不能用,即祈代拟一题。忝在知交,敢以奉恳。

上月初弟胸部右边疼痛,颇为严重,初请西医诊视,检查各部,均属正常,但服药无效。嗣请安徽中医学院诊视服药六剂,近来已好十之七八,惟饮食与精神,未能复原。天气渐热,想尊体健康,旅中一是佳顺。路远不能晤叙,临颖不尽欲言。即颂

道祺

昨日接到六日寄来明信片,得悉府中已迁居南京太平路麟和里三号。

弟　刘绍信　敬启

一九六四年七月八日

书法作品(4 幅)

西塞山前白鹭飞桃花流水鳜鱼肥

青箬笠绿蓑衣斜风细雨不须归

癸卯友初录张志和渔歌子　炳卿

刘炳卿书法作品张志和《渔歌子》

刘炳卿书法作品陆龟蒙《自遣三十首》(9首)

宣伯母尚太孺人八十壽序

歲庚寅十二月二十九日　宣同門

笠漁母　尚太孺人晉八十劉同門

炳卿書聯為壽且謂笠漁耕讀世其

家少孤鮮兄弟鄉居為鄰村少小即

刘炳卿书《宣伯母尚太孺人八十寿序》（陈维藩文）之一

相過從迄今已四十年宣氏故大農

歲際插秋收穫食者幾五十口太

孺人總其飲饎恒井井然每值國家

大故城市鼎沸入其室農具整潔紡

讀聲間相應和輒瀟然忘憂患之相

刘炳卿书《宣伯母尚太孺人八十寿序》(陈维藩文)之二

刘定九集

我的戏曲创作实践与思考

　　我是在不自觉中，由于工作需要和经历中受戏曲艺术的熏染，走上戏曲写作道路的。1949年前后，参加几个话剧演出，对舞台规律有了一些实感，才稍知戏曲是怎么一回事。以后在市政府文教部门具体负责文化工作，经办组建文教科内文化组、市京剧团、市庐剧团、市文教科剧目组，筹建曲艺团及市文化局。职责之故，得有机会经常观看各种演出，逐步体会到戏曲表演中的程式、技巧，作为塑造人物、抒发思想感情的手段，是别具一格、精彩夺人的。从而产生对戏曲艺术的兴趣。在贯彻"戏改"政策中，由于"改人、改制、改戏"的许多具体措施，发掘出大量重要资料，听到许多动人的故事，使我对旧戏曲班社惨淡经营、兴衰衍变的历史，戏曲艺人在旧社会强作欢笑、饱尝戏谑的酸楚处境，颇有感触，深表同情。因而与戏曲艺人们有了共同语言，建立了感情。当我为了完成任务而开始写作——整理传统戏时，每遇困难，便向老艺人们请教，他们都不厌其烦，热情相告，至今思之，犹感亲切。1957年后，岁月蹉跎，无与言者，唯有埋首故纸堆，聊寄惆怅。冥思苦想，似有所得。稍稍领会诗言志、词达意；低吟美人香草，藉抒情怀；悲歌世态炎凉，愤世疾邪之精微。又转而对"舞台小天地，天地大舞台"之言有所感悟。于是研读戏文名篇，探其奥秘，始解写戏虽小技，但能化事为戏，并非易事。作者在具备文学修养之后，对社会、生活有深刻感受，对舞台规律有确实了解，方可书出形象化的醒世之篇，娱人之曲。

　　戏曲，作为文学之派生品种，不仅要使人能读，更要注重的是便于艺人发挥唱念做打的技艺,来体现剧情,塑造人物。主题思想、人物命运,悲、欢、离、合,都要通过情节、行动、语言,编织一个故事来表达。不是作者发挥积极性、正义感的解说、介绍所能毕其功;也不是图解、灌输所能达其意。是靠艺术感染和情趣,既是形象化,又是意在不言中。命笔之先,格调、境界要心中有数,要深入浅出,不"为文而文"。题材好并不能决定戏即好,结构、人物、情节、语言皆要能出新;得体成套,格调统一,技巧恰当,留有余味。一切手段都要为完成主题思想、塑造人物服务。固然不可主题先行,但立意主脑要做到:现代戏反映现实,历史、古装戏敢于隐射;至于娱乐性节目,亦应雅洁,力戒低级庸俗。效法"寓理于情,寓庄于谐",以既明快又含蓄之手笔,适应时代雅俗共赏的要求,形成自己的风格。

曹禺和原合肥青年京剧团演职员合影
(后排左一为刘定九)

通过对戏曲理论、戏曲史的学习,进一步认识到,传统名剧主要是历代艺人天长日久的舞台实践刻苦磨练出来的,中国戏曲的精湛技艺,是戏曲艺人师师相承,发扬光大,流传积累的结果。当然,许多名角剧本,在艺术性、文学性方面,令人叫绝之处,是提供并启发名优在表演技艺上变革、创新之魂,舞台上投足挥袖,情思无限;一招一式,勾人心弦;亦可说皆剧作者苦心孤诣的匠心所致,戏、文相辅相成之结晶。因此,是不是可以这么说:从文学上看,剧本是第一位的,表演是第二位的;从舞台效果看,表演是第一位的,剧本是第二位的；二者互为因果，又各独立存在。世说"剧本剧本，一剧之本"，无剧本，技艺再好也只是杂耍，已成通论。但我从剧作者角度来看，还是多尊重舞台表演为好。剧本的目的是提供演出的，剧本要"活"起来，只有通过舞台恰当处理，演员精湛技艺来表现。否则，文词佳美者，也只能是赏读篇章。

对戏曲艺术有些了解，文学知识有些基础，心中或有"技痒"之时，若不知"戏"，并不一定就能写出像样的剧本。一旦命笔往往误坠为一泄积愫，纵情填词作赋之举；惜生枝蔓，芜杂不当之币；不合舞台规律，不似剧本，只是借剧中人你说我唱来表达作者要说的话，单调生硬，枯燥乏味。更有甚者，东拼西凑，泥沙与珠玉混杂之"作"，则令人观之头痛。若还埋怨导演、演员不支持、不协作，那就更是叫人无以答对了。殊不知剧院确定排演一剧，亦非易事。人力、物力、时间消耗之后，难以公演，导致声誉受损，没有收入，面对这些具体的实际困难，不得不慎重考虑选择。为剧者对己对人都应客观，要树立责任感，至于习作的试排，有意识实验性地磨练剧本；以及由于剧院条件有限，排不了某剧，门户之见，排挤佳作，是属于另外几种情况，当分别处之。还有，拙劣的表演、导演，体现不出剧本的意图，表达不出剧本的要求，草率为之，影响新作给人的第一印象，令识者惋惜，作者寒心，也是现实中常有的事情。不过，若逢此种遭遇之时，愚以为剧作者大可不必自馁，"文章得失寸心知"，"高山流水有知音"，淡泊视之，心中自然就会安定下来。另外，当此改革时代，一切都在变化发展，戏曲和写作自不能例外。各戏曲剧种情况不一，盛衰有异，要符合时代需求，都不能自视为"堡垒"而一成不变。抱残守缺，故不可取；忽视传统精华，亦属偏颇。导其内在规律之积极性，助其继承、革新之必要条件，促其生命力火花爆发，任其在竞争中求得生存、发展，似为适宜之道。至于不得而已趋于没落，也是历史演变中已有之事，非人力所可左右，毋作拔苗助长之劳，或视若腐朽古董而摒弃。戏曲作者当此时，在观念、手法等方面，自应更新，讲求实效，跟上时代步伐，顺乎潮流风尚，支持所事戏曲剧种在艺苑中争芳斗艳,是为义不容辞之责。

我在20世纪60年代后诸作,如《皮氏女》《焦裕禄》等,或责贪利负义,或颂鞠躬尽瘁。私自感觉较之50年代稍有提高,然心欲求精,而力不逮,往往望戏稿而兴叹,仰高阶而腿软。

刘定九和完艺舟(左一)、陆洪非(左三)、
李文(左五)等在福建考察

党的十一届三中全会后,拨乱反正,落实政策,举国欣欣。躬逢盛世,得沾雨露,组织上任命我为市青年京剧团业务副团长,后又命我主持剧团工作并兼编剧,对培养青年演员成长,稍尽园丁之责,构思作戏亦觉笔可流转。故《郑成功·背父报国》挞伐奸宄,讴歌忠贞;《红缨似火》宣扬抗战,敌忾同仇;《网罗恨》怜惜委屈,坦荡胸怀,虽难免不当,然皆本立意发自肺腑,行文把握写"戏"。考虑到行当搭配,表演、导演二度创作有发挥余地。再次整理《点大麦》时,出于珍视此传统戏流传了一百多年,难能可贵,便在保持原剧风格的原则下,力臻涤新,使其完善。其他诸作,多属演出需要,随弯就圆,完成任务而已。

近年来,参加编纂《中国戏剧志·安徽卷》及具体负责合肥市戏曲志条目编审工作。此工作意义重大,任务艰巨,不同于创作的艺术科研工作,在此过程中我深感知识贫乏,只好采取边学习、探研、边编审、写作的方法,争取为"盛世修志"壮举作出微薄贡献。回忆三十多年来曲折道路:或为风云乍起困袭,或因事务干扰伤神,从艺欠专。唯临文慎笔,以勤补拙;争取不负师长培养,组织关怀,做一名朴实无华文艺老兵,以尽天职,于愿足矣。

走出逆境靠自己

——浅谈戏曲如何适应时代潮流问题

岁月悠悠,时光飞逝,新中国成立已经五十年了,新世纪即将来临。作为从事文艺工作的老战士,不禁有些感慨。摆在我们面前的新课题是:如何繁荣当代的文艺事业,为改革开放和建设具有中国特色社会主义事业服务。文艺事业中的戏曲,目前是冷落萧条,几乎处于奄奄一息状态。任其自流消亡?还是设法营救,争取振兴?我觉得有关方面和业内人士应该深思,探寻对策。为此,不揣浅陋,拟对我市戏曲——庐剧如何适应新时代要求方面问题,提出几点个人看法。

新中国成立五十年来,我市几个戏曲品种的发展是有起有落,盛衰更迭,道路很不平坦。可以说20世纪50年代是兴旺发展阶段;60年代初由盛而衰,风雨飘摇;70年代中期以前冷落惨淡,溃不成军;扫除"四凶"后至80年代初,雨露滋润,逐渐复苏,重整旗鼓,一度铿锵。谁知好景不长,电视和VCD的普及,时代歌舞的风靡,戏曲阵线多望而却步,经营乏术,不得不一退再退。我市为了适应形势骤变,于80年代中期,撤销京剧团、越剧团,重点保护自己土生土长的剧种——庐剧,冀其中流砥柱,更望振兴。可是近年来的情况表明,虽然感觉是上下齐努力,仍然是每况愈下。怎么办?客观形势固然不是哪个人、哪个地区的力量可以逆转,可是戏曲中的黄梅戏、越剧等剧种,为什么能活跃展翅呢?岂不发人深省?从庐剧剧团的情况来看,实际困难问题的确很多,但即使给予特殊照顾,是否就能"振兴"呢？我看问题不是这么简单。观念不改变，不从艺术改革上着眼，仍就目前这样延续下去，恐怕还是难以为继的。冷静思之，应该面对现实，实事求是地检讨过去艺改得失，考虑如何适应时代发展要求的振兴方案，切实做到头脑清醒，知己知彼，努力符合客观规律，才能立足生存，求得发展。

五十年来，庐剧艺术改革，有过它辉煌灿烂年代，在安徽省、华东区和全国戏曲调、会演中，都得过很多奖，报刊中发表过专家们的赞美文章。但是较之国内显著的剧种如京剧、越剧、川剧、评剧、豫剧、黄梅戏等，尚有相形见绌之处，未能等同媲美。求其原因，除基础方面有差距和局限外，我觉得主要有四点逊色之处。

（一）演出剧目，整理改编的传统戏优秀剧本较多，享誉全国的剧本匮乏；创作戏寥寥无几，多不够成熟；知名度局限一隅，影响不广。更没有"一出戏救活一个剧种"的创举。

（二）音乐唱腔改革趋于保守，注重传统特色偏多，吸收和创新偏少，因而只是农村群众和城市中老年人、妇女较为喜爱，青少年很少问津，知识分子阶层和外地观众多不感兴趣。

（三）剧种原缺"净""武"等行当，多年艺改，未能弥补，演出中显得单调。对演员平时练功、吊嗓的要求不高不严格，进步不显著。近年来由于工资不能全额发放，更是个人各忙生计，无暇思及在艺术上追求。偶尔演出，就凭老功夫台上见，怎能把戏演得出色？另外，天才演员、尖子演员更少，品味不超越。演唱水平多属一般，少"玩意"，没"绝活"，缺乏名角效应，旗帜不亮，声誉不远。

（四）舞台语言不统一、不美，南腔北调、有土有洋，还有些语言太土、太俗，使人听起来很不舒服。作为一个地方戏剧种，是很不规范的。

以上四个方面的问题，关系到相互关联、相互协调的综合艺术主要支架，不可或缺、或弱，应该在一个等级线上齐步前进，共存共荣。

几十年来庐剧未能在全国戏曲界里扬眉吐气，风云直上，我认为是过去艺改中对这几个方面缺乏精益求精所致。能否纠偏克服呢？常言说得好，事在人为。只要有共识，科学对策，脚踏实地去努力拼搏，世界上没有什么高峰不可攀登的。但必须是集中智慧，大胆革新，艰苦磨练，持之以恒，方可期在五至十年后逐渐出现花蕊芬芳，清香四溢的新局面。前几天放映的电视剧《上海一家人》里有两句歌词很值得玩味："走出逆境靠自己，不怕那几次三番从头做起。"庐剧艺术的振兴改革，就要有这样的决心，这样的雄心壮志，敢破敢立，才能走出一条新路子来。

刘定九给年轻演员说戏

封冻一夜开

封冻一夜开，人间和气来；
翠绿染漫坡，春意透枝腮。
苞儿绽，
蕊吐彩，
鱼戏尾，
鸟咏谐；
相映惹逸趣，
神怡心头快。
啊……
春归抒僵枝，春晖扫积霾；
春夜莺啼柳，春雷醒古槐；
春华斗芳菲，春姿颠悢恋；
春光明媚里，春情溢眉黛。
春雾飘素娟，春月苏清籁；
春雨润无声，春芽似新栽；
春潮拍岸激，春波荡纤埃；
春色关不住，春花压露台。
啊……
封冻一夜开，人间和气来，
但愿春常在，春风自剪裁。
无边光景春日好，
万紫千红春满怀！

1986年5月19日游逍遥津即景抒怀

未识苞蕾默诵吟

晓雾蒙蒙踏露行,凉风瑟瑟嫩寒凝;
新绿丛中语切切,谁家儿女早偷情?
欲前步儿迟,恐惊恋中人。
转向溪边走,又见连肩影。
暗纳闷,独自忖,
缘何双双恁频频?
拾阶登高处,朝霞薄云天。
环顾林中客
——年少青春,
皓齿朱唇,
神情精注,
手捧书卷默诵吟。
陡然振,心潮腾,
误将晨读当偷情。
未识含苞蕾,怪我老眼昏。
啊……
欣欣花木竞秀拔,郁郁栋材蔚成荫!
振兴中华,喜见后生争惜春,奋发前程!

1983 年 5 月 4 日于银河西园

资料一：

红缨似火(京剧)

时　　间：1943年9月

地　　点：江淮抗日根据地红石山游击区。

人　　物：红　缨：女，14岁，韩家庄儿童团团长。

　　　　　季　群：女，40多岁，区武工队指导员。

　　　　　韩庆武：男，30多岁，红石山地区乡长兼民兵中队长。

　　　　　刘兴业：男，20多岁，民兵分队长。

　　　　　王队长：男，20多岁，区武工队队长。

　　　　　严华根：男，40多岁，中共地下工作者，鲁集地区领导人。

　　　　　老　桂：男，40多岁，中共地下工作者。

　　　　　郑志林：男，30多岁，县交通员。

　　　　　李素琴：女，30多岁，乡武工队队长。

　　　　　儿童团团员(小星、铁柱、淮生、小康康、秋霞、桂芳、四妹、小芹)：均十三四岁。

　　　　　新四军四师战士、乡民兵、区武工队员若干人。

　　　　　范继德：红石山地区副乡长、内奸。

　　　　　山　田：日本侵略军少佐军官。

　　　　　胡　吉：汉奸，日伪便衣队队长。

　　　　　胡坦斋：汉奸，日伪军副司令。

　　　　　赖　发：汉奸，日伪军文书。

　　　　　瘸腿狼：日伪军便衣探。

　　　　　特　务：甲(特务班长，名杨三)、乙、丙、丁

　　　　　日军士兵、伪军士兵各若干人。

场　次：

序　幕

第一场　反扫荡　　　第五场　盼红缨

第二场　挑重担　　　第六场　风雨颂

第三场　闯虎穴　　　第七场　除内奸

第四场　困山田　　　第八场　歼顽敌

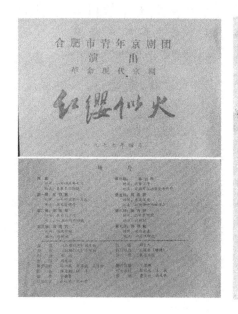

《红缨似火》演出说明书　　　　《红缨似火》刻印稿封面

序　幕

　　主题音乐:"到敌人后方去",把人们带到抗日游击战争的烽火年代——1943年秋天。

　　　　黎明之前,夜色沉沉。

　　　　日寇据点,鲁集车站附近。有土坡和小河,河西可见铁路站牌及红绿信号灯等标志,河东岸有铁丝网。

　　　　在阴森的音乐声中,日军一小队长由下场门上,张望,吹哨,喊"紧急集合!"一列日军跑步上。

日小队长　今夜3时47分,4170次军用列车满载军火,通过鲁集,增援前线,山田少佐命令:加强警戒,断绝行人,确保安全通行。

众日军　哈依!

日小队长　警戒!

　　　　众日军跑步下。

　　　　儿童团数人,由蒿草中、土坡后矫捷地上,相互联络后,散开埋伏,监视敌人。

　　　　李素琴偕红缨化妆走亲戚,挎一花布包裹,形态自若上。

李素琴　(唱)我三团在前线又打胜仗,

　　　　　　民兵队紧密配合深入敌后方。

　　　　　　今夜晚重要任务交给咱母女俩。

红　缨　(接唱)管叫那小日寇军火车,霹雳腾焰大开膛!

　　　　　　李素琴与埋伏的民兵联系后,带红缨下。

　　　　　　紧张的音乐和月台上鬼子兵沉重的脚步声。

火车由远渐近,车站发出安全通过的绿色信号灯。

火车头灯的光束由弱渐强,射在站牌上。

突然一声剧烈爆炸,硝烟弥漫。

日军嗥叫声由远处传来。

红缨在一束红光中手执红缨枪,英姿飒爽地出现在一高台。众儿童团员欢呼而上,亮相。

熊熊大火中,纱幕上出现"红缨似火"四个大字。

紧张、恐怖的音乐声大作……

　　　　　　　　——幕落

第一场　反扫荡

傍晚,韩家庄村外,后远方为红石山。

枫树一株,枝叶繁茂,树干上挂一截钢轨,作警钟用。钟锤用粗铁丝系在旁边。

小星领众儿童团团员载歌载舞上。

儿童团　(合唱)手拿红缨枪,臂戴红袖章,

红心向着共产党,山脚路口来站岗。

小日寇、汪伪帮,狼狈为奸烧杀抢。

红缨似火闪闪亮,誓把反动派消灭光。

小　星　大家都坐下来,红缨姐要我告诉你们:指导员临走时表扬咱儿童团了。她说:在最近袭击敌人火车站和反扫荡斗争中,儿童团都表现很机智、很勇敢。今后不但站岗放哨查路条,送情报、探敌情也可以交给儿童团干。

众　人　那可更带劲了!

小　星　指导员还说:最近由于斗争尖锐,形势紧张,出现了一些可疑现象,她要我们提高警惕,加强戒备。

秋　霞　着!坏蛋脸上也没写"坏蛋"两个字,以后得多瞅瞅,跟大人们学会观察!

淮　生　你们看,红缨姐来了!

红缨从岩石上跃下。

红　缨　(唱)烽火岁月练肝胆,

飞身下岩查敌顽!

众　人　红缨姐,怎么啦?

红　缨　(接唱)湖汊口,上来个陌生汉。

躲躲闪闪,东张西望非同一般!

众　人　噢!

红　缨　(接唱)提高警惕细查看,

严防匪特蒙混过关!

众　人　是!

红　缨　大家散开隐蔽,注意这个人朝哪儿去,是干什么的!

众　人　是!

敌探瘸腿狼挑着货担,贼头贼脑上。

瘸腿狼　(念)肩挑货担串乡镇,

买卖杂货还捎带线和针。

太君要扫荡韩家庄,

派我来做接线人。

钳下钟锤找"耗子",

接准信号就按计行。(张望,倾听)

咳,太阳刚落山,哨所就撤岗了! 嘿……时来运转,

遇事都碰上个脆劲!

潜行到警钟处,钳断系钟锤铁丝

红缨等从四面跃出。

众　人　别动! 狗坏蛋!

瘸腿狼　哦……我有路条,(掏出路条)我是做小买卖的……

小　星　(夺过路条)做小买卖的? 为什么要钳断哨所铁丝线?

瘸腿狼　我看这铁丝,这么粗,这么长,以为是没用的,因此钳一些
下来,回家打个桶箍。这是我的不对,贪小便宜,我……这
儿有半吊铜板,愿赔偿损失。

铁　柱　呸! 没用的? 你不看这是系警钟的吗?

瘸腿狼　哦……有用。那好,我再给它接上……

红　缨　接上? 不! 别啰唆,走!

众　人　走!

众团员推瘸腿狼上高坡,瘸腿狼猛回身,踢倒小康康,转身翻向坡里。

众　人　哪里跑,追!

红　缨　卧倒! 手榴弹!

　　　　众团员卧倒。紧接着手榴弹爆炸声,硝烟弥漫。

　　　　范继德奔上。

范继德　怎么啦? 什么事?

红　缨　特务!

范继德　在哪儿?

小康康　跑下坡了!

众　人　追!

范继德　都别动!

铁　柱　干什么?

范继德:(紧张地举起手枪瞄准)

红　缨　抓活的!

范继德　不能让他跑掉!(连打两枪)

众　人　嗬……头都炸开了!

红　缨　你! 怎把他打死了?

范继德　(看了一下警钟线)你不看他把咱们的警钟线钳断了吗?

　　　　李素琴握手枪跃上。

李素琴　范副乡长! 怎么回事?

红　缨　妈妈!

众　人　大婶!

范继德　素琴同志,刚才好险啊! 来了个特务,很狡猾,很凶恶,已经甩了一个手榴弹,我怕孩子们吃亏……

红　缨　(指钳断的钟锤铁丝)妈,你看!

李素琴　(拿起钟锤和铁丝,思索)为什么要钳断呢?

范继德　我来把它接上。

48

李素琴 （有所警觉地）不了,不接,警钟也照样敲响!

　　　　突然鲁集南方炮声隆隆,枪声隐约可闻。

李素琴 （警觉）这炮声像是鬼子有行动!

范继德 对! 是鬼子动手了……

　　　　韩庆武偕刘兴业持枪急上。

韩庆武 （唱）炮声隆,枪声隐,村头察看（思索）

　　　　　　这事端发生在鲁集之南。

刘兴业 （接唱）日伪军出南门与谁开战?

李素琴 （接唱）未闻情报,事出突然!

范继德 中队长,这是鬼子和三团打起来啦!

韩庆武 三团?

李素琴 副乡长,你怎么知道是鬼子和三团打起来呢?

范继德 前晌不是听说三团开到这边来拿鲁集吗?

韩庆武 那是道听途说,怎能轻信?

范继德 别管咋说,目前是鬼子出了南门,正在作战,鲁集一定空
　　　　虚。兵法有云:"乘其虚,攻其不备,可一鼓而成。"此乃大
　　　　好时机……

韩庆武 大好时机? 刚才特务剪断警钟线,是否与现在发生的情况
　　　　有关系?

范继德 恐怕不是一回事。赶快集合队伍,奔袭鲁集,切断敌人的
　　　　交通命脉……

韩庆武 你怎么知道不是一回事? 我们不要因为情况不明,行动错
　　　　误而受损失。敌人剪断警钟线,难道是来闹着玩的?

刘兴业 对呀!

李素琴 指导员临走说,如有特殊情况,她会马上回来。现在情况
　　　　不明,我建议别盲动,加强警戒。

　　　　红缨急上。

红　缨 妈,爸爸! 湖汊口附近发现黑狗子端着枪、拎着刀,直奔

49

来啦!

韩庆武　(惊)噢!

　　　　小星、淮生内喊声,两侧跃上。

小　星　中队长,北洼发现敌人,周伯伯命我前来报告!

淮　生　乡长,南岗有一伙敌人向村后插来,李叔叔他们正在监视
　　　　敌人的行动。

韩庆武　看来敌人摸清了我们的情况,采取声东击西三面合围,偷
　　　　袭韩家庄!

刘兴业　老韩,快拿主意吧!

韩庆武　(果断地)范继德同志!

范继德　到!

韩庆武　急速组织群众向红石山转移!

范继德　这……我要求参战。

韩庆武　(严肃地)执行命令!

范继德　(无奈地)是!(下)

韩庆武　走!我们分头率领民兵队,阻击敌人,保证群众安全转移。

李素琴　刘兴业　是!(下)

　　　　远处两发绿色信号弹升空,近处枪声突停。

　　　　胡坦斋、胡吉、山田率日伪军上。

　　　　胡坦斋察看警钟线。

胡坦斋　少佐阁下,信号接准,瘸腿狼已打入内部,看来心头之患,
　　　　一战可除啦。

山　田　唔!"耗子"的情报可靠?

胡坦斋　(指被剪断的警钟线)可靠,可靠,绝对的可靠。

山　田　情报说准时把土八路带入包围圈,嗯!没有兑现?

胡坦斋　这,可能临时有什么变化,来不及联系。

山　田　是不是我们的线被掐断了?

胡坦斋　不会,不会,少佐阁下,你到柏树坡督战,让我带领弟兄们

分三路,合围韩家庄,定叫土八路措手不及,无法抵挡。

山　田　副司令,扫荡韩家庄土八路,关系到鲁集的安危,铁路、公路的畅通,事关大局,你的务必要(作手势包围,全部消灭)。嗯,明白?

胡坦斋　天皇洪福,少佐虎威,还有"耗子"内应,胡某定当效命。

山　田　要得,要得!

胡坦斋　(命队伍)前进!(山田与胡坦斋分头下)

　　　　日军追杀逃难老人、妇女多人

　　　　民兵队与日伪军搏斗开打,民兵熟悉地形占优势,追下。

　　　　季群率武工队急速上。

季　群　(唱)十万火急争分秒,

　　　　　　　救援韩家庄,奋勇闯惊涛。

　　　　　　　日伪军进犯有蹊跷,

　　　　　　　定要把偷袭的贼寇,全歼荒郊!(众下)

　　　　枪声猛烈,火光骤起。

　　　　韩庆武率民兵奋战。李素琴左手持短枪,右手执钢叉,英勇杀敌。范继德鬼头鬼脑过场。

　　　　在夹击战中,武工队弹无虚发,杀得敌人走投无路,溃败。

　　　　胡坦斋窜逃,小康康等三团员追击,李素琴从高坡跃下,援助小康康等人,击毙胡坦斋。

　　　　范继德尾随而上,隐于树后,偷袭李素琴,见李中弹后潜逃。季群急上搀扶。

　　　　范继德从另一侧佯作追击敌人,看胡坦斋已被击倒,欲上前探护,季群瞋目裂眦,范惧懔,随即机灵一转,向胡坦斋尸体又射一枪后,佯作追敌人,从左侧跑下。

季　群　(沉痛地扶起李素琴)素琴,素琴!

　　　　韩庆武、刘兴业、红缨上,看到李素琴负伤大惊。

　　　　李素琴昏迷,季群等焦急地呼喊。

51

红　缨　妈妈,妈妈!……

李素琴　(渐渐苏醒。强睁双眼,虚弱地断断续续地低声询问)

　　　　(唱)枪声稀落,见红日冉冉,

　　　　　　伪军、日寇可歼灭?我记挂心间。

刘兴业　胡坦斋被打死了,山田跑了,初步统计:击毙日伪军十五人,俘虏三人;我方民兵、群众伤亡也很惨重。

李素琴　噢!

　　　　(唱)日伪军怀奸诈倾巢进犯,

　　　　　　这征兆非寻常要查根究源。

　　　　(再度昏迷,众人喊叫)

季　群　老刘,我们抬素琴进村抢救!

刘兴业　好!(众人上前欲抬李素琴)

李素琴　不,不用啦。(喘息,环顾,挣扎地解腰带,季群不知其意,帮其解下。李素琴颤抖地拿在手中)缨儿……

　　　　(唱)这腰带是奶奶遗留,

　　　　　　伴随着咱三代逃荒、要饭、斑斑血泪仇。

　　　　　　如今这(指腰带)鲜血又染一层恨,

　　　　　　弹痕又添一笔仇!

　　　　　　我把这新仇旧恨和革命的期望交儿手……

红　缨　(热泪盈眶接过腰带)

　　　　(接唱)仇和恨,我牢记心头。

　　　　　　　妈妈啊!娘的血泪把腰带红透,

　　　　　　　更把儿的心红透!

李素琴　(接唱)从今后,党的需要就是儿奋斗的要求。

　　　　　　　庆武!……(疼痛地未能说下去)

韩庆武　素琴!你……

　　　　(唱)料不想大仇未报……(悲愤交加)

李素琴　(接唱)挺起胸,抬起头,莫怀念,忍悲愁,不灭豺狼,怎能泄千家万户、万户千家血海深仇！

韩庆武　（唱）往日里你我昼夜闹革命，

如今你铮铮警语，激励我热血沸腾！（伤痛语塞）

李素琴　季群同志！

（唱）胜利在望，还须提防暗礁陷阱……

李素琴言未已再度昏迷，众人叫喊，悲痛。

季群接过腰带，察看洞眼，自语：怎么是从身后袭击的？

幕后合唱：挥泪继承烈士志，奋勇杀敌慰英灵。

——幕落

第二场　挑重担

下午,红石山一哨所附近。

范继德懊丧地上场,四处张望,偷偷地写写画画。

范继德　(念)没料到接头暗号错掐掉,

　　　　　我弄巧成拙皇军受包抄。

　　　　　队长来信发脾气,太君怒火八丈高;

　　　　　限期送上地形图,若怠慢,我的脑袋保不了。

　　　　　胆颤心惊细察看,这山崤山坳、进出道路,我要一一

　　　　　记牢,仔细描画。(边走边画下)

红缨枪头裹汗巾,身系腰带,手执红缨枪,率儿童团团员英
武地上。

范继德从另一侧边走边画上。

红　缨　范副乡长!

范继德　噢,你们在巡逻呀?

红　缨　你到这里有啥事?

范继德　我?唉!你们看韩家庄给鬼子糟蹋得这么惨。你妈妈又
　　　　不幸牺牲了。我要和鬼子拼,可指导员不准,非要撤撤撤,
　　　　非要现在撤到红石山,老的老、小的小,往后怎么办呀?

红　缨　副乡长,你说的不对。自从转移到红石山,指导员带着大
　　　　家学习《论持久战》,增加了必胜的信心。红石山团结紧
　　　　张、斗志昂扬,群众对生活上的安排都很满意,你看——
　　　　(唱)红石山上结营寨。

儿童团员　(合唱)战地黄花迎风开。

红　缨　(唱)民兵队,儿童团同仇敌忾;

女　声　（唱）山峦间，

男　声　（唱）密林外，

女　声　（唱）羊肠小道，

男　声　（唱）峭壁悬崖，

女　声　（唱）警戒敌人，

男　声　（唱）朝朝暮暮，

众合唱　不怕那露寒霜冷，狂风挟石扑面来！

范继德　好，警惕性高，今后要把眼瞪得大大的，可别放走一个坏人！

众　人　副乡长放心好了。指导员教我们识别好人、坏人了。

范继德　好，再见。

红　缨　（起疑心）不要放走一个坏人？他也这么说！

　　　　（唱）远望着韩家庄烟尘遮盖！

　　　　　　妈妈她壮烈牺牲，终日思念萦胸怀。腰带系全身，

　　　　　　（撩视腰带）心潮时澎湃。

　　　　　　这根带记下多少恨与爱，

　　　　　　艰苦中背负我风里去啊雨里来。

　　　　　　送军粮妈用过这根带，

　　　　　　在前线，妈用它出生入死把担架抬。

　　　　　　这带上血迹殷殷尚在，

　　　　　　妈妈她后背中弹，怎不叫人费疑猜！

　　　　　　民族恨激起我满腔愤慨。

　　　　　　血泪仇何时还？杀尽狼豺！

　　　　季群，韩庆武上。

季　群　红缨！

红缨及众团员　指导员好，爸爸
韩叔叔　好！

季　群
韩庆武　大家好！

季　群　可发现可疑情况？

红　缨　没有。呵，范副乡长刚才打这里来过。

季　群　哦，他到哪边去了？

红　缨　从山洼到柏树坡方向去了。

季　群　今后不管是谁进出，都得遵守纪律。只要不从岗哨通过，不遵守纪律，你们都得记下来，告诉我和你爸爸。

红　缨　是，噢，指导员，范副乡长刚才说：你不应该带我们撤到红石山来，老的老、小的小，往后怎么办呀？

季　群　这，他说的对吗？

众　人　不对！

季　群　他说的是不对。撤到红石山是避开敌人扫荡。最近党中央向全国人民指出：全世界已经出现转折，小日本的日子已经很不好过，胜利的曙光已经看得见了。

小　星　转折？什么转折呀？

季　群　如今希特勒完蛋了，小日本是秋后的蚂蚱蹦不长！这就叫转折。

众团员　太好了！

《红缨似火》剧照一

季　群　可是在这一带,他们拼死拼活占领鲁集,妄图保住通往江苏的公路和县境北段津浦路畅通,我们必须针锋相对,狠狠地打,打乱敌人的战略部署。迎接全国总反攻的到来!

众团员　好、好,狠狠地打!

红　缨　刘叔叔、王叔叔来呐!

季　群　噢,你们继续去巡逻。

众团员　是!

　　　　红缨等下。刘兴业、王队长上。

刘兴业　老季、老韩! 我们转了几个哨所找你们。

季　群　都回来呐?

刘兴业　回来了。

季　群　一号线联络站严华根联系上了吗?

刘兴业　没有。

季　群　找到郑志林同志了吗?

刘兴业　也没有!

　　　　(唱)派出的侦查员都已回程。

　　　　　　联络点未遇见郑志林。

　　　　　　日伪增兵又添哨,加岗盘查紧,

　　　　　　连日来大搜查残害人民。

　　　　　　杀害了北关饭店王大正,

　　　　　　火烧李大郢,死伤群众数十人。

　　　　　　似这样残暴兽行实难容忍,

韩庆武　(接唱)可是那胡吉贼,丧心病狂荼毒乡亲?

王队长　(接唱)是胡吉带日寇夜袭李大郢,将庄园变成了血海火坑!

韩庆武　(愤慨)嗨!

　　　　(接唱)胡吉贼祖居也在附近,

　　　　　　童年时曾经在李大郢学习课程;

　　　　　　十二岁跌进汊河水深没顶,

多亏了乡亲们冒险抢救才得复生。

似这样忘恩负义泯灭人性。

众　人　（唱）千刀万剐,激愤难平!

众　人　（唱）摁怒火、细思忖,敌占区有千千万万个李大郢,

有多少好同胞,屠刀之下含愤捐身!

关山万里,烽火频仍、牢记仇和恨,

驱日寇、惩凶顽,我们要勠力同心。

韩刘王　报仇雪恨,义无反顾!

季　群　我们当前的处境,大家来研究一下。

韩庆武　刚才儿童团的报告,值得重视!

季　群　（沉思）范继德?

韩庆武　特务逃跑,他明知前面有民兵岗哨,可以活捉,为什么要开枪打死?那天晚上枪声打响的时候,他为什么竭力鼓动去拿鲁集?

王队长　这不是调走我们主力之计,好让敌人扫荡吗?

刘兴业　是呀!那天晚上他的任务是负责群众转移工作,怎么一会儿又跑回来呢?

季　群　素琴同志牺牲的原因是后背中弹,难道真是流弹飞来的吗?当胡匪刚被击毙,范继德很快也就到了,他愣了一下,又朝胡匪尸体打了一枪,令人诧异! 老韩,他过去是干什么的? 老家是在这儿吗?

韩庆武　他老家是在这儿。过去在蚌埠上过学堂,以后不知怎么回来在欣荣商行当跑街。鬼子来了以后,他回乡表现比较积极,因此当上了副乡长。

王队长　难道他……

季　群　情况复杂,关系重大啊!

（唱）这几天屡出现严重情况,

支委们都觉得诸多异常。

　　　　　　为什么日伪军要偷袭扫荡？

　　　　　　为什么范继德这几天要躲躲藏藏？

　　　　　　为什么交通线被割断难以接上？

　　　　　　为什么近日来敌人增兵又加哨布防？

　　　　　　想到此素琴的遗言在耳边回响，同志们要警惕人面豺狼！

韩庆武　从目前的情况来看，不能等待老郑前来，要立即采取措施！

季　群　对！我们需改变方式，立即派出两人，一人绕道请示区委，一人到鲁集附近，想一切办法与老郑联系上，尽快弄清情况！

韩庆武　王队长　好！

季　群　向区委请示，小王跑一趟，从后山绕道，争取明天夜里赶回来。

王队长　是！

季　群　找老郑的任务谁去呢？

刘兴业　我去！

季　群　鲁集目前戒备森严，你目标太大，行动不便呀！

王队长　派一个小孩去要方便得多。

韩庆武　派红缨去！

季　群　红缨她还小啊。

韩庆武　不算小啦，十四岁的年龄，已过了一大半了。她胆子很大，敢走晚上黑路；而且水性很好，学会水中换气，潜游半小时。素琴还教她武功，进步很快。这条路她跟素琴常走，一切都很方便。

季　群　老韩同志，素琴牺牲还没……

韩庆武　指导员，你就按照素琴的期望，让孩子在艰险的斗争中闯一闯吧！

季　群　（激动地握着韩庆武手）老韩同志！派红缨去，准能完成任务。

季　群　那就这么决定。老刘,把红缨找来!

刘兴业　是!(上家坡)红缨、红缨快来!

红　缨　哎……来呐!(跃下)

　　　　季群向她招手

　　　　指导员,有任务吗?

季　群　有!有个艰巨任务,要你去完成。

红　缨　什么任务? 保证完成!

季　群　好孩子,具体的任务是这样的(耳语)……

——切光·幕落

第三场　闯虎穴

　　　　紧接前场，夜晚、柏树坡、密林、乱石、蒿草丛生。

　　　　红缨肩扛扁担，腰插柴斧，精神抖擞上。

红　缨　（唱）暮色朦胧下山岗，

　　　　　　　冷月寒星照战场。

　　　　　　　巉岩间不惧松涛空谷响，

　　　　　　　蒿草里留心歹人暗中藏。

　　　　　　　肩扛扁担向前闯，

　　　　　　　提高警惕斗志昂。

　　　　红缨下，郑志林匆匆上。

老　郑　（唱）警戒线上遭阻挡，

　　　　　　　情报在身，似腾腾烈火燃胸膛！

　　　　　　　小心潜越敌岗哨，

　　　　　　　没料到被敌特发现，

　　　　　　　紧紧跟随忒猖狂。

　　　　　　　来到了柏树坡纵目四望，

　　　　　　　寻机会，甩开羁绊奔前方。

　　　　老郑下，四特务上。

特务甲　两眼盯。

特务乙　步步紧。

特务丙　追得我。

特务丁　汗淋淋。

特务甲　拼小命。逮住这条大鱼领赏钱。

特务丙　要提防这个人枪法准！

61

特务乙　哎呦,妈来!(摔倒。甲、丙、丁同时趴倒)

特务甲　丙　嗨! 你摔跤,把我们吓掉魂。

特务丁　他妈的,简直是玩命。

特务甲　别丧气,领到赏金个个有份。

特务丙　哎,你们看他已进山林。

特务乙　吓! 这是柏树坡,谨防民兵!

特务丙　依我说一枪崩了省得烦神。

特务甲　不行,这条线可不能再掐断,队长要活口审问! 追! 快!

　　　　　　四特务下,老郑上。

老　郑　(唱)穿密林,上山岗,

　　　　　　　　狗特务,你难逃覆灭下场。

　　　　　　老郑上高坡,正拟下坎,见特务追上,回手一枪把丁
　　　　　　打死,乙举手一枪,击中老郑,老郑翻身跌向坡里。

特务甲　追!(乙、丙拖丁狼狈下)

　　　　　　老郑翻滚上。

老　郑　(唱)中弹负伤,心情激荡,

　　　　　　　　为防不测,我必须先毁去情报,再拼杀豺狼!

　　　　　　寻找隐蔽处,取出情报。红缨从另一侧上。

老　郑　(警惕地举枪)谁?

红　缨　(低身一看)哦,是老郑叔。

老　郑　是红缨!

红　缨　是我。

老　郑　你来得正好,快把情报送上山,我来对付特务!

红　缨　你! 你负伤了,你走,让我来对付特务!

老　郑　不行,我腿上中弹,行走不便,快! 拿去……
　　　　　　(取出情报交给红缨)快走!

　　　　　　特务呐喊:哪儿跑!

老　郑　(命令地)快走! 情报重要!

红　缨　　（含泪接过情报）是！（匆匆下）

　　　　　特务上与老郑对开枪，少顷，老郑枪弹打完。

特务甲　　嘿嘿，出来吧！

老　郑　　（昂首站起，持短刀）狗特务！

　　　　　特务甲上前，乙、丙在后，老郑用手枪摔中特务乙肩膀，特
　　　　　务甲与老郑扭打，乙、丙都凶，老郑被捕。

特务甲　　押走！（发现前面蒿草晃动）啊！前面蒿草晃动，似有人前
　　　　　来接应，快，搜索！

　　　　　三特务匆忙押老郑下。

　　　　　红缨上。

红　缨　　（唱）枪声响，情况严紧，

　　　　　　　　急忙忙乱石丛中把路寻。

　　　　　　　　老郑叔身负重伤，大义浩然，威风凛凛，

　　　　　　　　把情报交给我，英勇顽强牵制敌人！

　　　　　　　　这情报重千斤，千斤重担我要机智、勇敢来担承！

　　　　　特务甲声：你从这边，我从这边，快！搜！

　　　　　特务搜索已迫近，咫尺间，难以藏身。

　　　　　且绕小道，再把密林进……

　　　　　（转进深林）

　　　　　特务甲等搜索过场。

　　　　　特务甲声：向那边跑了，快追！看准了就开枪！

　　　　　红缨打了一些杂枝，从林中闪出。

红　缨　　（接唱）嗨！挥斧夺路和敌人来拼！（转思）慢！倘若是遇
　　　　　　　　羁绊，这情报岂不危损？

　　　　　　　　莫莽撞、再思忖，一发千钧！

　　　　　（思考，见青石板）

　　　　　　　　唉！且把情报青石板下来藏稳！

　　　　　（藏情报于石板下）

随机应变要沉着耐心。(下)

特务搜索上。

特务甲 又跑哪儿去了?

特务乙 那儿有人!

特务甲 卧倒!(三特务卧倒)快出来,再拖延就开枪啦!

红缨肩挑柴担,从容不迫地上。

红　缨 (唱)大摇大摆出山林,

　　　　　看看这伙特务可像人?

　　　　　都说鲁集封锁紧,且随他们把贼巢进,探探真情。

特务甲 别动!(夺过柴斧)

红　缨 老总,我是打柴的。

特务甲 嘿!打柴的?别装蒜!(踢到柴担)

红　缨 干吗踢倒我的柴担?怎这么不讲理!

特务甲 讲理?爷们讲的就是这个理!

红　缨 你欺辱人还有理?你赔,你赔!

特务乙 赔?你找死!

红　缨 别仗你个子大耍赖皮,欺侮咱小孩逞什么能。

特务甲 嗨……别看小,还真难缠!带走!

特务乙、丙 走!

红　缨 上哪儿去?

特务甲 别啰唆,跟着爷们走!

红　缨 我哪儿都不去,我妈还在家等着柴禾烧晚饭呢。

特务乙 不去?还能由着你?想找死!

特务甲 等等,这柴担里可能藏有情报,给我挑着走!

特　务 挑着走!

红　缨 (无奈的样子)走就走,哪个怕你!

　　　　　(挑起柴担,跟着特务们行动)

——幕落

第四场　困山田

前场次日下午。

日伪军驻地。台左堆放木炭房,后墙有一小窗。有门可锁,作临时押人处。台右为空地,通往山田办公室。后侧有玉兰树一株,树旁有路通厨房。树后横径至木炭房有铁丝网,网外为壕河,远处有山。

电闪划空,雷声隐隐。

幕启,场上无人。幕后传来特务拷打号叫声。

柴炭房外,特务流动哨蹓跶下。

严华根厨师打扮,拎大菜篮,焦急地上。

严华根　(唱)鞭声阵阵,我心肝碎。

老郑他厉声斥敌,恰似滚惊雷。

眼看亲人入虎口。

如何援救,焦急无奈泪暗垂。

情报尚未送到民兵队,

关系着战斗部署,乡亲们处境安危。

形势紧迫,还须沉着应对,

寻机用智救红缨啊,可解危局扬愁眉!

特务:太君,死过去了!

山田:拖下去!

特务:是!

严华根　(激动地)又是一笔血债!(下)

山田、胡吉凶残地上场。

山　田　(气急败还地)军火车炸了!扫荡失败了!副司令又……咳!土八路对我们情况怎么摸得这么准确?我总觉得有一双眼睛在盯着!可怕呀……抓了一个共产党。又一个字问不出来!呜……

特务甲上。

特务甲 报告太君,队长,密报!(交给胡吉)

山　田　哪里来的?

胡　吉　"耗子"来的。(看介)重要情况! 重要情况!

山　田　念!

胡　吉　(小声地念)来示训斥,卑职领罪。情况突变,季群夜归:仓惶周旋,事与愿违。致使副司令大人蒙难,惴心疾首伤悲!

山　田　哦!

胡　吉　(继续念)我已被怀疑,行动维艰。红石山地形图,改在后日晚,柏树坡青石板下取回。

山　田　改在青石板下取回,好!

胡　吉　(接着念)窃闻大队部有共产党情报人员,代号似称……(读时"1"后面顿一下,再加读"什么地"三个字)详情待查,先行奉闻,以备参酌。

山　田　(惶恐)吓! 共产党情报人员! 在你哪里! 在你哪里! 是谁? 是谁?

胡　吉　(意外惊恐,不知所措,随口应答)嗯……我早有感觉,正在盘查,怀疑的对象,还拿不准……

山　田　有怀疑就要抓紧行动! 宁可错抓一千,不可放走一个!

胡　吉　是!

山　田　怀疑是谁?

胡　吉　嗯……近来文书赖发精神不正常,接连说家里有事,请假外出。

山　田　赖发?

胡　吉　是的!

山　田　赶紧带来问!

胡　吉　带赖发!(特务传声:带赖发! 特务甲押赖发上)

赖　发　(行礼)队长,太君阁下!

山　田	(阴险地)哼……你！
赖　发	(惊惧)我……
山　田	你好哇？
赖　发	我……好……
胡　吉	老实说！你近来干的好啊？
赖　发	我……没……干好……
山　田	还要怎么干才好？
赖　发	我……想……
山　田	还想怎么样？(突然喊)"1号"！
赖　发	(吓晕了没听清下面的话)不……我是三……三……三号……
山　田	"3号"？不！是"1号"！
赖　发	我……是三……三号到表哥家去了一趟,我……
山　田	去找谁？
赖　发	(跪下)队长饶命！太君饶命！我姑妈死了,三号……去奔丧,晚上偷了一件首饰……
山　田	呸！还干了些什么好事？
胡　吉	说！
赖　发	没干什么好事,回来的路上,抢了路边老头一篮鸡蛋。别的,什么也没干、没干……
胡　吉	混蛋！滚！(一脚踢翻)
	赖发跌爬地下。
山　田	(烦躁地来回踱着)"1号"……要在与"1"字有关系的人身上追查！
特务甲	对！这是线索！
山　田	我们这里哪些人与"1"字有关系,你,知道吗？
特务甲	嗯……我……知道一些。
山　田	谁？谁？快说！
特务甲	这个,这个……三排长他球衫上是、是"1号"！

山　田　抓来严审！

胡　吉　是！

山　田　还有哩？

特务甲　还有、还有熊大个子,弟兄们都喊他十一哥！

山　田　十一哥？ 也关起来！ 还有哩？

胡　吉　遵命！

特务甲　还有……与"1"字有关系……那不能说。
　　　　算了吧。

山　田　怎么不能说？ 一定要说,算不了！ 讲！

特务甲　这……我们便衣队住的房子,是益寿街"91"号,你住的是
　　　　"111"号,不……

山　田　混蛋！ 滚!(特务甲无趣地下)
　　　　(山田深思)"1号""1号"！
　　　　(猛然想起)咳！ 那个小孩的口供？

胡　吉　哄了、吓了、打了,她都说是王糟坊人,是上山打柴的。

山　田　哼！ 天快黑了还在山上,嫌疑是大大的！

胡　吉　是的,是大大的嫌疑犯！ 把她带来！

特务乙　是!(跑下。二特务押红缨上)

胡　吉　小毛丫头,嘴挺紧的,再不说实话,我就叫狼狗把你活活
　　　　咬死！

山　田　狼狗,你的怕不怕？

红　缨　狗有什么可怕,我家也养了狗。

胡　吉　少废话！

山　田　小孩,你只要说出那个老八路,在山上给你的情报放在哪
　　　　里,我的就大大有赏！

红　缨　情报？ 什么东西？

山　田　土八路的活动,写在纸上(随手拿一张纸叠几折)像这
　　　　样子。

红　缨　哦……像这样呀，我没看见，可我听说过你们讲的那些
　　　　活动。

山　田　好、好，快说、快说！

红　缨　上月来了好多好多八路军队伍，炸了你们的军火车；这个
　　　　月你们的司令又中了埋伏，给打死了……

胡　吉　（恼火地）胡说！小混蛋！

山　田　小孩……

　　　　（唱）你小小年纪莫痴呆，

　　　　　　　太君我向来爱小孩，

　　　　　　　只要你把情报（指叠的纸）交给我。

　　　　夹白：吃的、玩的、银洋、糖果，还有这个（指金手表）是样样
　　　　儿来。

《红缨似火》剧照二

红　缨　嘿！

　　　　（唱）咱好端端地在山上正打柴，

　　　　　　　平白无故，为什么要抓了来？

　　　　　　　你们要咱把什么"情报"交代，

　　　　　　　咱不知不晓难以编排。

你财宝虽多,咱穷人不爱,

山　田　你爱什么?

红　缨　(接唱)咱爱的是水里捉虾蟹,上山去打狼和豺!

山　田　(发怒,接唱)休要胡说耍狡赖。

红　缨　(唱)你何必恁大火气、瞪眼鼓腮?

山　田　(唱)你狡诈、狡诈的,要你尝尝我的厉害!(抽刀)

红　缨　(唱)随你咋办,咱从此再不把口开。

山　田　你不开口!(命特务乙)把那个老的带上来!

　　　　特务乙下,带老郑上。

山　田　他是谁?

红　缨　(摇头不语)

胡　吉　你不说!我要你们命!(举起鞭)

老　郑　狗汉奸!情报在我这儿。(指自己胸口)有本事来取,别欺
　　　　负小孩!

胡　吉　住口!(掏出手枪)我毙了你!

　　　　特务甲急上。

特务甲　报告太君,司令部紧急电话,铁路又被扒了!

山　田　(大惊)啊!(急下)

胡　吉　统统关起来!(下)

特务乙　是!(锁老郑、红缨于柴炭房)(下)

　　　　红缨听外面无声,走到门边环顾了一下,对老郑暗示外面
　　　　无人。

老　郑　(小声地)那个呢?

红　缨　我怕雨水湿,放在青石板下压着。

老　郑　好!我已暴露,你只是被怀疑,一号站就在附近,他们会来
　　　　联系,记住暗号。想办法快走,最迟在明晚前送到!

红　缨　是。可你怎办呢?

老　郑　不要管我了。

(唱)风雨中必须坚强镇定，

　　　敌人的凶残，正是他虚弱无能。

　　　黎明前黑暗，我们要克敌制胜，

　　　要时刻想着重大任务在身、竭力完成！

　　胡吉懊恼地带特务甲、乙、丙上。

胡　吉　他妈的还敢说话！把门打开！（特务开锁）

　　　把老的带走！

特务丙　是。走！（老郑昂然走出）

老　郑　哼！

特务丙　走！

胡　吉　（蹬红缨一脚）小混蛋！等会。好好收拾你！（命甲）把门

　　　锁好，你在这儿看着！

特务甲　是！

胡　吉　他妈的！（下）

　　　风啸、云翻、雷声隆隆。

红　缨　（愤慨）啊……

　　　（唱）听窗外雷声隆隆风怒号，

　　　　看夜空乌云阵阵压树梢。

　　　　上级指示未送到，

　　　　心情难安似火烧。

　　　　临行前指导员对我教导，

　　　　阶级仇、民族恨要紧紧记牢。

　　　　适才间老郑叔又谆谆相告，

　　　　要敢于风波浪里，把革命重担接着挑。

　　　　恨不能生双翅、变飞鸟，

　　　　飞上红石山，将报亲手向党交。

　　　　到那时军民奋战驱虎豹，

　　　　胜利的歌声响彻云霄。

特务甲走到门边看着锁,无聊地来回踱着。

特务甲 唉! 又是雷,又是风,又是雨的,叫老子一个人在这儿陪着受罪,(一阵风紧,闪电惊人)唉哟呦妈呀,好冷! 狗杂种们,一个都不来换老子。

严华根拖着菜盘精神抖擞上。

严华根 杨班长,辛苦啊!

特务甲 严师傅,这会儿还在忙啥?

严华根 太君和队长今天都生了气,叫准备菜给他们喝酒解闷。

特务甲 (馋涎欲滴地看着菜盘)嗬! 热气腾腾、香喷喷的,都是些什么菜呀?

严华根 卤牛肉、白斩鸡、醋溜鲜鱼、炒肉丝,外加拼盘、冷拌、香肠、腰花、变蛋和猪耳皮。

特务甲 哎呀,挺丰盛的。

严华根 今儿是临时通知,我准备不及,还不够味。

特务甲 你别谦虚,谁不知道你做的菜,色香味是没哪个酒店能比的。要不怎么三请四邀的请你来这儿掌厨。

严华根 你太夸奖了。只是快老了,怕干不下来了。

特务甲 你身体结扛,明年才五十呢。

严华根 你抬举我,谢谢你多关照。

特务甲 我是实话实说,只是眼下(指盘里菜)……

严华根 是流涎了吧?

特务甲 嘿……可就做了这些? 有富裕的吗?

严华根 有哦,有时他们会叫添菜。

特务甲 咳,为了这毛丫头,队长叫我在这儿看着。这么冷,真倒霉,我正想喝口酒,压压寒气。

严华根 嗳……你今晚的差使重要,没哪个敢给你酒吃,要是耽误了……

特务甲 耽误啥?(看着锁)一个小毛丫头,量她也飞不掉。

严华根　这……要是在平时那是没说的,今晚我要伺候太君、队长,可分不开身来陪你……

特务甲　你只管去伺候上头,让我一个人到灶后面胡吞一会,落个自在。

严华根　好……橱角里还有几瓶"白干",那是队长孝敬太君的名牌货,可别喝光了。

特务甲　嗨! 还有名牌货,那你放心好啰!

　　　　严华根下。特务甲燃一支烟,把锁摇动几下,隔着门栅对红缨说:你给我老实呆着,要是乱动,我就抽你的筋,剥你的皮!

　　　　红缨昂然坐在地上。特务甲向后蹓跶下。静待少顷,严华根和伪兵小黄匆匆上,严指示小黄监视行人,急速至门栅边。

严华根　孩子,饿了吧? 这儿有红薯,你吃了吧!

红　缨　(左手接红薯)谢谢你,我只要一半。(右手退回一半)

严华根　都留着吧。这红薯可是红皮……

红　缨　心也红吗?

严华根　是的,红透心!

红　缨　(激动地)啊! 老大伯,你就是严……?

严华根　(做手势制止,注目红缨腰带)这腰带……你是素琴同志的孩子?

红　缨　我叫红缨。

严华根　听说你水性很好? 还会武功?

红　缨　是的,从小妈妈教的。武功只学了一些"自卫"和"擒拿"。

严华根　好孩子,给你柴刀,撬窗快走! 这包干粮,水浸不碍,藏好食用。

红　缨　谢谢。

严华根　范继德是内奸,代号"耗子"!

红 缨　噢!

严华根　他做了很多坏事,回去报告指导员,迅速处理!

红 缨　是!

严华根　敌人最近又要扫荡,你一定要在明晚前,将情报送到红石山。我在外掩护你,红缨啊:

（唱）脱险解危战斗间,

　　　胆大心细智当先。

　　　潜水出壕走坡外,

　　　躬身低头背朝天。

　　　敌人疯狂来追赶,

　　　滚进深草且安眠。

　　　他们前冲你慢步,

　　　看到湖蒿啊,你藏身其间,嚼食干粮填饱肚,高高兴兴过难关。

红 缨　（接唱）多谢大伯来指点,

严华根　（接唱）时间紧迫,你破窗速去,提高警惕,确保安全!

　　　严华根拔出枪,隐于屋后。红缨将干粮纳于怀内,搬动柴炭,撬开窗柱子,蹿出窗外。

　　　严华根和伪兵迅速离开。少顷,胡吉嘴叼着牙签上。

胡 吉　杨三、杨三!上哪儿去了!（信步走到门栅,向里一望）啊!跑了、跑了!撬窗跑了!

　　　一道闪电、一声炸雷。

　　　特务甲满嘴油污、微有醉意上。

　　　胡吉给特务甲照脸一掌!紧急集合,追小八路!

山 田　（急上）（狰狞地看了柴房一眼,逼近特务甲）哼!哼!哼!（拔刀）呜!!（劈死甲）追!

　　　众特务、伪兵恐惧,莫知所措。

胡 吉　跳窗从水里跑的,向河里开枪,向河里开枪!

雷电交加,风狂雨骤。

众特务。伪兵、日军胡乱向河里开枪。

——灯火隐灭

第五场　盼红缨

夜间

红石山民兵临时指挥所草棚内，棚外有一高石，一儿童团员戴斗笠，站在石上，监视前方。

风雨交加，电闪雷鸣。远处有零落枪声。

合唱声中幕渐启。

惊涛拍岸翻激浪，

枪声阵阵响耳旁。

黑夜里雨急风咆哮，

红缨啊，你在何方，你在何方？

季群上场，拿了一件蓑衣，走出棚外，轻轻地披在站岗的小团员身上，叫他去休息。（团员下）

季　群　*忧虑重重地向远处探望。*

（唱）红缨啊！你只身下山把虎穴闯，

　　　两日不见归，叫人挂心肠。

　　　难道是接线有险阻？

　　　难道是魔窟恶风狂？

　　　你把那泪浸血染的腰带系身上，

　　　相信你，英雄的女儿，一定像英雄的娘！

　　　同志们把你盼望把你想，

　　　盼望哪！盼望咱们英勇的小侦察，早日凯旋回山岗！

幕后，儿童团员吼叫声：走！

两儿童团团员押着绳捆、眼蒙黑布、身穿伪军军服的老桂上。

团员乙　报告指导员，我们抓着了一个特务！

团员甲　这家伙一身水、浑身泥，口口声声要找领导。

老桂先低着头,突然昂首哈哈大笑!众儿童愕然。

季　群　(一惊、仔细一看,惊喜)是老桂!

老　桂　多日不见,认不清了?

季　群　(命令)快松绑!(众儿童给老桂解绳)

　　　　你怎么不给孩子们说暗号,何必误会。

老　桂　我担心孩子们不懂,更麻烦。

季　群　你冒险来,肯定有特殊情况?

老　桂　是的。华根同志派我来告诉你们,郑志林同志在柏树坡被
　　　　捕,情报交给红缨,可是红缨藏好情报后,也被敌人抓进鲁
　　　　集……(韩庆武正好前来,刚走至门口,听到红缨的情况,
　　　　停住)

季群　儿童甲、乙　红缨怎么了?

老　桂　老严设计,叫她越窗逃跑。不幸被敌人发现,紧紧追赶,我
　　　　跟随掩护。到了湖汊口,前有湖水,后有追兵,她英勇果
　　　　敢,跳进湖中,敌人向湖里开枪,她……

　　　　音乐声大作!

团员甲、乙　(哭)红缨姐……

　　　　季群在棚内伤感,韩庆武在棚外悲伤。

季　群　(唱)腥风血雨又压在红石山上!

韩庆武　(唱)儿遇难,似钢刀插进我的胸膛!

季　群　(唱)素琴啊!你抚育了个好儿女!

韩庆武　(唱)红缨啊!你为爹、娘争光,行为辉煌!

　　　　老桂和团员甲、乙抽泣。

季　群　(唱)忍悲泪、莫声张,这件事暂且慢对老韩言讲。

韩庆武　(唱)为革命前仆后继,岂能让伤心的泪水,模糊了锐利眼
　　　　光!(神态自若地进棚)大家好!

季　群　老韩同志,回来了?

韩庆武　刚到家。(审视老桂向季群)这位是……

季　群	这位是严书记派来的支委老桂同志。

季　群　这位是严书记派来的支委老桂同志。
　　　　(对老桂介绍)这位就是我们红石山的乡长兼民兵中队长韩庆武同志,红缨的爸爸。

韩庆武　(热情地和老桂握手)老桂同志,辛苦了!

老　桂　(紧紧地握住韩庆武的手)老韩同志,早就闻你的大名。

韩庆武　干得还很不够。

老　桂　太谦虚了。

韩庆武　请坐。(走向团员甲、乙,亲切地)孩子们今天可累了!(甲、乙佯作什么也没发生什么事的样子说:不累!)好、好! 季群同志,把情报向你汇报一下。

季　群　不急,你先休息一下……

韩庆武　不啦,情况重要,现在就谈吧!(团员甲深情地向老韩送上一碗茶)今天怎么把我当成客人啦? 好孩子!(对季群说)小王和区委联系上了,区委调查,范继德在蚌埠上学时和胡吉是同学,欣荣杂货行的后台老板就是胡坦斋!

老　桂　老严要我告诉你们,红石山抗日组织中有内奸,代号"耗子"!

韩庆武　是范继德?

老　桂　就是他!

季　群　问题清楚了,现在还不能轻举妄动,要加强监视,切勿打草惊蛇!

众　人　是!

韩庆武　区委指示:这次战斗要严格遵守冯师长指示和县委、三团的部署,彻底解决问题。

团员乙　(憋不住地说)可是红……

季　群　老桂　小芹!

韩庆武　(冷静地)同志们,不要瞒我了!

团员乙　红缨姐……(止不住哭起来)

季　群　别哭……

老　桂　现在胡吉带领特务封锁湖汊口，疯狂搜索，我们必须立即
　　　　设法引走特务，营救红缨，取回情报！

韩庆武　这不是红缨一个人的问题，情报万一失落，就要影响我军
　　　　的整个战斗部署！指导员，我先去安排吧！
　　　　（唱）素琴的遗志，红缨她理应承担。
　　　　　　　战火燃、儿遭难，我应该赴火蹈汤！

季　群　老韩！
　　　　（唱）且莫焦急细思忖，
　　　　　　　这一场争夺战，已开始激烈进行，
　　　　　　　情报重千斤，
　　　　　　　关键在红缨！
　　　　　　　须布下迷离恍惚网罗阵，
　　　　　　　取情报，灭敌寇一举而成！

韩庆武　（不甚了然）这……

季　群　（招手韩、桂，小声密语，又对甲、乙小声嘱咐）

韩　桂　好、好！（甲、乙含笑到棚外站岗）
　　　　季群、韩庆武、老桂下。
　　　　范继德东张西望上。

范继德　（念）虽然没救活胡司令，
　　　　　　　暗算了李素琴，拔除了眼中钉！
　　　　　　　两日来不见红缨心纳闷，
　　　　　　　斩草除根，我才太平。

团员甲　谁！

团员乙　口令！

范继德　警戒！回令？

团员甲、乙　杀敌！

范继德　你们辛苦啊！指导员可在里面？

团员甲　不在。你有啥事？

范继德　没什么事，查岗路过这儿。可发现什么情况？

团员乙　刚才打雷下雨，现在云收雾散，看样子天要放晴了。

范继德　不是问这些。指导员没吩咐什么？

团员乙　啊，指导员说红缨上午要回山，叫我们准备欢迎她……

范继德　（暗惊）红缨要回山！她从哪儿回来？

团员乙　她……

团员甲　小芹，不要乱讲！

团员乙　（故作醒悟地）哦！（神秘地）范副乡长，这事可得保密啊！

范继德　哎，对对。今后机密事可不要随口乱说哟！

团员甲　小芹，到前面看看去。

团员乙　好。（二人故作提高警惕地下）

范继德　（咬牙切齿地）红缨到哪儿去，瞒着我！现在要回来了，又瞒着我！季群、季群，你使瞒天计，我有鬼灵精！你想红缨似火燃，我叫你冷水浇头怀抱冰！（险恶地下）

　　　　季群、韩庆武、老桂（已换服）及团员甲、乙陆续上。

团员乙　范继德朝柏树坡方向跑了！

季　群　好！留守人员，加强战备！全体武工队员，立即下山！天亮前到达湖汊口，营救红缨！堵塞通往鲁集所有道路，追捕范继德！

众　人　遵命！

　　　　　　　　　　　　　　　　　　　　　　——幕急落

第六场　风雨颂

深夜，山侧湖畔，道路崎岖。

电闪雷鸣，风狂雨骤，枪声杂乱。

红缨内唱、滚、跌、翻上。

红　缨　（唱）枪声送我出贼巢，

越刺网、渡沟壕，避据点，远岗哨，不怕弹雨耳边叫，惊雷震荒郊。

上岸来直插羊肠道，

路曲折，方向紧记牢。

连日来虽受困，却获得重要情报，

范继德是"耗子"休想遁逃。

最可喜一号站指引我逃生路道，

出虎口恁自由免遭煎熬。

严大伯赠干粮关怀周道，

虽寒冷腹不饥缓解疲劳。

黑夜里雨急风咆哮，

哪顾得坡道油滑，乱石刺痛，迈开双腿、飞跨大步，向前啊，向前跑！（跌、滚）

涉小溪、攀危礁，（发现特务追来）啊！闪电中，似见追兵隐隐包抄！

情况紧急，我要沉着镇静多思考……

来此已是湖汊口、大路小道都有特务拦阻，胡嚷乱叫，似那鬼哭狼嚎！

（环顾）哎！我下湖而去，芦苇丛中绕道潜行，谅他们不

　　　　　　敢追随!

　　　　(接唱)湖滩边、芦苇丛中,我布疑阵把衣物乱抛!

　　　　红缨迅速从腰带中取出柴刀,甩在一边,又向前走了几步,丢掉头巾,然后滚身向另一边隐去。

　　　　闪电触目,雷声巨响,众特务胆颤心惊,狼狈不堪上。

胡　吉　快,他妈的!

众特务　唉哟妈呀!(摔跤、滑倒)队长,不是弟兄们孬种,真是够呛啊!

胡　吉　你们不是看到太君发火、杨三下场吗?

特务丙　杨三闯进厨房,摔杯掼碗地要酒要菜,只顾贪吃,让那小毛丫头给溜了,他死的活该,这会儿叫我们上哪儿去找呀!

　　　　(张望)唉哟!(又摔一跤)

胡　吉　脚站稳了,腿不要颤,走滑路应该这么着——(扭捏地走了几步,脚下一滑,栽得老远)哎! 他妈的!(众特务急来搀扶)

特务丙　队长、队长! 这样的时候,咱们走这样路,就是脚跟站不稳嘛。

胡　吉　别废话!(张望)这是什么地方?

特务丙　(四顾)这叫湖汊口,向前去五里,就是柏树坡。

胡　吉　湖汊口? 那个小丫头会不会下湖走湖滩呢?

特务乙　不会、不会,别说是小毛丫头,就是照咱们这样的好汉,谁这会儿敢一个人下湖!

胡　吉　不敢下去? 这是任务! 捉到了有重赏,你下去看看!

特务乙　啊、啊! 队长、队长!(畏缩)

胡　吉　捉不到那个小毛丫头,都甭想过好日子!

特务乙　(低头四望,偶然发现柴刀,如获至宝)嗨! 刀! 刀! 是那个小毛丫头撬窗用的柴刀!

特务丙　(拿过刀来看)对对! 你们看前面脚印,是朝李大郢方向跑的!

胡　吉　(注目细看)还有头巾! 追!

　　　　众特务一窝蜂地追下。

　　　　红缨赤着脚,手持腰带探路,舞上。

红　缨　(唱)风雨送前程,精神振奋,

　　　　　　惊涛拍岸,芦苇丛中独自行。

　　　　　　湖水虽冷,紧步漫跑不觉冷,

　　　　　　眼前黑暗,踏过波浪见光明。

　　　　　　挥腰带,迈大步,方向认准,

　　　　　　党指挥,除内奸,驱日寇,造福万民。

　　　　　　　　　　　　　　　　——幕落

第七场　除内奸

黎明前,柏树坡。

幕启,雾气弥漫,范继德鬼头鬼脑上。

范继德　(念)这几天,我留神看,

　　　　季群对我起疑团。

　　　　乘大雾,我溜下山,

　　　　将红石山地形图献山田。

　　　　约定初三拂晓前,

　　　　里应外合连锅端!

　　　　青石板下藏情报,

　　　　慢!若被人发现,我的小命难保全!

范继德四面张望,向树丛搜索。(下)

红缨上。

红　缨　(唱)铺天盖地雾漫漫,

　　　　来到了柏树坡,我纵目远观;

　　　　恨不得一步跨到青石板,

　　　　取情报,飞上红石山。(快步上前,欲取情报)

"沙沙"一阵鸟雀惊起,从头上掠过。

红　缨　宿鸟惊起,难道有人吗?(四处查看)啊!是范继德!这么
　　　　早,他来这里干什么?我来问他……(转思)慢!情况不
　　　　明,我得看看他的动态再说。

红缨隐身树后暗窥。范继德惊神不定走出。

范继德　(念)四面看遍,什么也没见,

　　　　只怪我自惊自扰自心颠。

且将情报放到约定点(将"情报"放到青石板下)。

红缨见范继德放"情报",以为是取她的"情报",(自语):他偷我"情报"! 大喊一声:呔!! 猛跳出。

范继德　(大惊)我……我是……(再看)哦,是你呀!(随即镇定下来,狡诈地)嗯……你是从鲁集回来的?

红　缨　嘿,你会神机妙算?

范继德　哈……你走了以后,我们几个领导人员开会,进行了详细的研究,估计你会机智勇敢地完成任务。

红　缨　噢?

范继德　可遇到老郑?

红　缨　没有。

范继德　那……找到"1号"了吧?

红　缨　什么"1号""2号"的?

范继德　嗯,警惕性很好,当交通员就应该这样。

红　缨　你说的"1号"是谁呀?

范继德　哼! 你这是对待领导的态度吗?

红　缨　哈……

范继德　咦! 你笑什么?

红　缨　我笑的是你说的事情,我根本不知道。范副乡长,天刚刚有点亮,你一个人到这儿来干什么呀?

范继德　我……我是奉命前来侦查情况的。

红　缨　(背唱)指导员怎会派他下山岗?
　　　　　　　　分明是鬼话骗人耍花枪!

范继德　(背唱)胡队长严密防守几道岗,
　　　　　　　　这小丫头怎能脱身出牢房?

红　缨　(背唱)我定要提高警惕将他防,
　　　　　　　　严防这毒蛇出洞把人伤!

范继德　(背唱)我定要半路拦截不能放,

　　　　　放虎归山我就难收场!

　　　　　(对红缨)小红缨——

红　缨　(接唱)副乡长!

范继德　(唱)看到我,为什么要隐身树后藏?

红　缨　(接唱)雾茫茫,看不清是人还是狼!

范继德　嘿!

　　　　　(唱)你怎么来去匆匆忙又慌?

　　　　　　　到底在干哪一桩?

红　缨　(唱)李大郢遭鬼子烧、杀、掳抢,

　　　　　　　我去看看舅舅家可安康。

范继德　(看红缨衣裳潮湿)

　　　　　(唱)走大路为啥衣衫潮湿似落水样?

红　缨　(唱)起身早,夜来风雨湿衣裳。

范继德　(唱)难道你对我这个乡长不信任?

红　缨　(唱)副乡长,你为啥心虚,神色慌张?

范继德　啊!

　　　　　(背唱)这小丫,我百般盘问她真情不讲!

红　缨　(背唱)坏东西,早已识透蛇蝎心肠!

范继德　(旁白)看来不能和她啰嗦,要想办法把她赶走,保住情报安全。

红　缨　(旁白)定要弄清他是来干什么的,不能马虎放过!(突然大声喊)副乡长!

范继德　(诧异)怎么啦? 红缨!

红　缨　你不是说要去侦察吗? 那你去看看吧,我在这儿等你一道回去。(坐到青石板上)

范继德　(旁白)不好!(走上前拉起红缨)你既然回来了,我就不去侦察了,咱们一道回山吧。

红　缨　我要歇一会再走。(又坐倒。用手去摸自己藏"情报"的

地方）

范继德　（惊慌）哎呀,这里有什么好歇头,还是回去吧。(一屁股把
　　　　　红缨挤开,坐到他适才藏"情报"的位置)

红　缨　啊!
　　　　（背唱)一摸石板他颜色变,
　　　　　　　　阴谋诡计全戳穿!

范继德　（背唱)他为什么不离青石板?
　　　　　　　　我越思越想心不安!

红　缨　（背唱)守着石板暗盘算,
　　　　　　　　看来问题不一般!

范继德　（背唱)围着石板打转转,
　　　　　　　　难道她识破了我的巧机关!

红　缨　（背唱)我必须乘势猛追揭疑案。

范继德　（背唱)一旦露馅我活命难!

红　缨　副乡长,你既然不愿去侦察,那咱们就一起回山好了。

范继德　回山?

红　缨　嗯,回山!

范继德　我的任务还没完成,你先回去。

红　缨　哎……你刚才不是说一起回去吗?

范继德　这……哦,我还要在这儿等情报,你快回山,指导员和大伙
　　　　儿都在等你。

红　缨　你一会说要回去,一会又说不能回去,这么大的人,说话怎
　　　　忽东忽西的?

范继德　别废话! 哼!

红　缨　啥废话? 嗯!

范继德　（旁白)我不能久等!(作动武架势)
　　　　　她会武术不可大意!

红　缨　（旁白)我必须缠紧! 他阴险毒辣要小心!

两人同时欲动手,发现对方有准备,又同时停止。相持片刻,范慑于红缨眈眈虎气和背后手中握的石头,故意缓和下来。

范继德　红缨!你不回去,呆在这里,到底要干什么?

红　缨　副乡长,你一会说走,一会又说不能走,要等情报,哪句话是真的?

范继德　这……!

红　缨　啊……?

范继德　(眼珠一转)好啦,你回山,我走路,各走各的道!(走下,藏于树后)

红　缨　(看范下)又捣什么鬼!先取出"情报"要紧。

红缨取"情报",范悄悄上,站到红缨身后。

发现两份"情报",惊惑,放下石头,两手各拿一份。

咦……!两份?

范继德　(旁白)两份?

红　缨　噢,这一份是我放的,这一份是他放的!

范继德　(旁白)噢!原来如此(取出短枪)

红　缨　(兴奋地)都交给指导员!(将"情报"揣于怀中。猛然警觉,回身握石头)

范继德　(凶恶地)别动!(用枪指着红缨)

红　缨　(回转身,威严地大喊一声)耗子!

范继德　(不自觉地应声)在!(一转思,自知失口,恼怒地)他妈的,什么耗子不耗子,乖乖的把"情报"放下!

红　缨　耗子!四面都是民兵、武工队,休想行凶!老老实实跟我回去交代,坦白从宽,你是知道的!

范继德　(恶狠狠地冷笑)交代?好啊!我现在就向你"坦白"。你那个妈,就是我从她背后打死的,给副司令报了仇。现在,我再做好事,送你去"母女团聚"!满意了吧?(欲举枪)

红缨跃起,踢伤范继德右眼,枪落下,但终因疲惫跌倒,范
继德拾起枪欲射时,王队长内发一枪,击中范右臂,枪落稍
远,红缨挺身拾起。王队长、季群等上。

王队长　(厉声)范继德!(范惊、跳崖窜逃)

季　群　(向范后身射一枪,红缨补射一枪)民族败类!

众　人　汉奸的下场!

红　缨　指导员,这是郑叔叔给你的"情报"!

季　群　(接"情报")好!

　　　　(念)山田狗急跳墙,

　　　　　　　决定初三清乡。

　　　　　　　望你们配合三团,

　　　　　　　湖汊口伏击灭豺狼!

红　缨　这是范继德给山田的"密报"!

季　群　(接看后对王队长等人说)这"密报"和你了解的情况对上
　　　　线了。他把红石山地形图画得很清楚。我们按县委和三
　　　　团的部署,来个将就计,伏击顽敌,一举全歼!

众　人　(欢快)好!

季　群　红缨,把范继德这份放回原处。

红　缨　是!(将范"密报"放到青石板下)

季　群　回山!

——幕落

第八场　歼顽敌

前场次日黎明前。湖汊口。

新四军战士过场。

山田、胡吉率日、伪军上场。

山　田　胡队长,这是什么地方?

胡　吉　这……已经过了湖汊口,前面就是柏树坡。过了柏树坡,就是韩家庄,到了韩家庄,按"耗子"的安排,三路进军红石山,举火为号,里应外合,一鼓作气,杀他个鸡犬不留,大功就告成啦! 哈……

忽然传来剧烈的爆炸声,山田大惊!

山　田　这……这是怎么啦?

胡　吉　哎呀! 不好啦,我们的炮楼给炸了!

山　田　(嚎叫)撤! 撤! 撤回去! 撤回去! 快! 快!

《红缨似火》剧照三

季群在一岩石后出现,举枪射击,打中山田胳膊。胡吉扶山田逃下。

号兵吹起冲锋号,武工队、民兵四面合围,追杀日寇、伪军。

新四军战士与日军后续部队激战!

红缨在韩庆武、王队长带领下,率儿童团从侧面截杀战败溃退敌人,杀死胡吉,击毙山田。

严华根领被关押的群众前来助战。

伪兵二人扶老郑上场。

红缨兴奋地拉着严华根和老郑到季群面前与大家握手、欢聚。

音乐声中,红缨领儿童团小战士,载歌载舞合唱:

红缨似火美名扬,

杀敌锄奸上战场。

革命红旗代代传,

保家卫国志气昂。

《红缨似火》剧照四

不寻常的《红缨似火》

刘政屏

我父亲刘定九于1975年3月结束近6年的"下放",离开农村回到合肥,被安排在合肥市青年京剧团工作,在"落实政策"主持剧团工作之前,他创作了现代京剧《红缨似火》。这部抗日题材的京剧于1977年4月正式公演,引发社会各界广泛关注和好评,之后又经过不断修改,日臻成熟,并走出合肥乃至安徽。40多年后再回首,发现《红缨似火》真是一部不同寻常的戏。近日,我尝试着梳理了这些"不寻常"。

首先是它能在剧本上打破禁忌。父亲创作《红缨似火》时,"文革"尚未结束,文艺创作中,一号人物"高大全"已成定律,《红缨似火》里的一号人物红缨是一个14岁的儿童团长,在全剧中虽然很突出,但既不特别高大,也不是无所不能的神人,其他人物也刻画得比较立体丰满,尤其是一群生龙活虎的儿童团员,个个天真活泼,招人喜爱。现在人也许不能够理解,在当时的环境下,能做到这一点很不容易,甚至还要冒一定的风险。另外,剧中的反面人物,也没有简单的脸谱化,而是通过一些细节和语言表现出日寇的狡猾残暴,汉奸的阴险谄媚,让人印象深刻。

其次是它的演员和导演不寻常。合肥市青年京剧团年轻演员经过近6年的学习和锻炼,已逐渐成长起来,《红缨似火》众多人物,都是由这批小演员们担任,他们虽然还不够成熟,但满目青葱,煞是喜人。至于它的导演团队,也是很不一般。从省黄梅戏剧团请来了著名编剧兼导演王冠亚先生,老艺术家丁宝珊老师也参与了导演,著名京剧表演名家曹婉秋老师担任艺术指导。王冠亚是著名黄梅戏演员严凤英的丈夫,多年从事戏剧工作,积累了比较丰富的经验。记得很清楚,王冠亚在导演《红缨似火》期间,时常到我家里来,和我父亲讨论一些问题,遇着吃饭的点,就在我家吃上一口家常便饭。印象中王伯伯很是文静谦和,说话时声音很轻。

再次是它的影响力之大不寻常。《红缨似火》自1977年4月正式公演之后,先后在合肥、南京、徐州、马鞍山等地演出,累计达到108场,很了不得。在合肥演出期间,其他省市13个文艺团体派人前来观摩,其中不少剧团在这之后将《红缨似火》移植到他们的剧种演出。这在青年京剧团乃至合肥戏剧界,可谓绝无仅有。在南京演出期间,当地政府以《红缨似火》作为晚会节目,招待法国等代表团成员,颇获赞誉。在20世纪70年代,这样的事情也是非同小可。当时请外宾看演出是一件很慎重的事情,需要相关部门研究批准,"文革"刚刚结束,戏剧界能够拿出手的剧本不多,《红缨似火》可谓帮南京市政府救了一下场。

最后一个不寻常之处最为特殊。这个"特殊"点在于《红缨似火》这个剧本1976年创作完成之后,当年年底即开始排演,排演期间自然也是修改剧本的重要阶段。1977年公演时,仍然一边演出一边润色。这之后40余年间,父亲时常还会记挂和琢磨这个剧本,不时做一些修修补补。2017年抗日战争爆发80周年之际,父亲又一次找出《红缨似火》剧本,非常认真仔细地修改了一遍。

父亲有个习惯,每修改过一次剧本,他都要重新抄写一遍,抄好后感觉还有需要修改的地方,他会再改,等到他认为差不多了,再抄写一遍。这让我很担心,毕竟是年近九旬的老人,长时间伏案,肯定会影响身体,何况他做事又是那么性急。于是我便想办法把剧本拿过来和侄儿一起录入电脑,然后打印出来让他修改。这一段时间,91岁的父亲总是找我要《红缨似火》剧本手稿,说还有一些地方需要修改,看来父亲这部已经修改了40多年的剧本还要再改下去,而这,估计也是会破纪录的,不寻常的《红缨似火》也会因此继续它的不寻常之旅。

（2020.07）

资料二：

卖洋纱(庐剧传统剧目)

人　物　蔡大嫂　　陈小二

蔡大嫂　（唱）

清早起来冷哈哈，

梳油头来戴红花。哎呀,嗨嗨嗨呀,

手拿笤帚扫地下,嗯哈嗨,嗨嗨嗨呀,

手拿笤帚扫地下,

地下扫的清爽爽。

端起小车纺细纱,

新打车子套草料。

插上锭子浇上油,哎呀,嗨嗨嗨呀,

校校小车滑溜不滑溜,嗯哈嗨,嗨嗨嗨呀,

校校小车滑溜不滑溜。

左手抽右手摇,

抽抽摇摇细匀条;

一天只织四两线,

两天才纺半斤纱。

三天到纺十二两,哎呀,嗨嗨嗨呀,

四天才纺一斤纱,嗯哈嗨,嗨嗨嗨呀,

四天才纺一斤纱。

纺纱之人真正苦,

哪天不纺到三更鼓;

腰酸手痛头发晕，

不敢停车稍歇停；

花行多刻薄，

纱行又扣秤；

买花卖纱气煞人，咻呀，嗨嗨嗨呀，

懒上大街又不行。嗯哈嗨，嗨嗨嗨呀，

懒上大街又不行。

蔡大嫂田不做，地不耕，全靠纺纱过光阴；

三天不把长街上，咻呀，嗨嗨嗨呀，

米草油盐怎得进门；嗯哈嗨，嗨嗨嗨呀，

米草油盐怎得进门？

我把细纱手中拎，

早到大街走一程；

蔡大嫂子出门庭，

回首带关两扇门；

丁条搭在门鼻上，咻呀，嗨嗨嗨呀，

三簧小锁安呐中心。

蔡大嫂往前奔，

急急忙忙趱路程；

今天纱价卖得好，

买花买米转家门；咻呀，嗨嗨嗨呀，

小金莲踢开八折紫罗裙，嗯哈嗨，嗨嗨嗨呀，

小金莲踢开八折紫罗裙；

风刮杨柳来得快，

大街来此挡住人；

来在大街身站走，

二目瞟瞟见的清；

纱子行里无人走，

线子行里无人行；

往日买纱多得很，

今日未见有一人；

一不知道我来早，

二不知道他来迟；

来得早咪来的迟，咪呀，嗨嗨嗨呀，

来早来迟错过时辰。嗯哈嗨，嗨嗨嗨呀，

来早来迟错过时辰。

左一想右一想，

心中想起事一桩；

纱行既然无人买，咪呀 嗨嗨嗨呀，

且到街头等客人，嗯哈嗨，嗨嗨嗨呀，

且到街头等客人。

蔡大嫂子往前奔，

街头柳林挡住人；

将身打坐柳林等，咪呀，嗨嗨嗨呀，

单等买纱小客人，嗯哈嗨，嗨嗨嗨呀，

单等买纱小客人。（下）

陈小二 （唱）

行行一个行，

奔奔一个奔；

行行行来奔奔奔，咪呀，嗨嗨嗨呀，

家住在吴、归、王、白、陈五姓村，嗯哈嗨，嗨嗨嗨呀，

家住在吴、归、王、白、陈五姓村。

爸爸也姓陈，

妈妈也姓陈；

哥哥也姓陈，

嫂子也姓陈；

添一个小侄子糊里糊涂也姓陈;

不问你姓陈不姓陈,咪呀,嗨嗨嗨呀,

都是陈家后代根,嗯哈嗨,嗨嗨嗨呀,

都是陈家后代根。

弟兄共有七八个,

个个都是织机梭;

手脚终天忙,

机身夜夜响,

买卖上街坊,

织布度时光,咪呀,嗨嗨嗨呀,

祖传老业不愿改行,嗯哈嗨,嗨嗨嗨呀,

祖传老业不愿改行。

田不做来地不耕,

全靠织布过光阴,

经纱差四两,

纬纱差半斤;

肩膀头子扛上一根秤,

捎缚连子手中拎;

早到大街走一程,

三天不把大街上,咪呀,嗨嗨嗨呀,

米草油盐不得进门;嗯哈嗨,嗨嗨嗨呀,

米草油盐不得进门。

上浔阳关往前奔,

身轻腿快攒路程,

一二三,三二一,

四五六七八九十,

闹市大街挡住人;

来在大街身站定,

二目睁睁观得远;

纱子行里无人走,

线子行里无人行,

往日卖纱多得很,

今日未见一个人;

一不知道他来早,

二不知道我来迟;

来得早嗦来的迟,唻呀,嗨嗨嗨呀,

来早来迟错过时辰。嗯哈嗨,嗨嗨嗨呀,

来早来迟错过时辰。

陈二爷无处奔,

且到街头走一程;

一路行程来的快,

柳林来此挡住人,

睁开两眼往前看,

前面来的不知是何人?

慌慌忙忙往前奔。(二人碰头)

蔡大嫂　我问你这个人,青天白日,怎么这样瞎闯乱撞。

陈小二　心中有事,哪顾得道路高低。

蔡大嫂　你顾不得道路高低,乱闯瞎走,前面要是有一个塘,你不要掉下水去么。

陈小二　这条路是我从小走惯的,那里有缺,那里有埂我都知道,好好的人怎么会向水里跳,那不是找死!

蔡大嫂　你虽不想找死,可是你这样乱闯,是会闯出祸来的!

陈小二　大嫂言之有理,我领情了。

（唱）

织布人,领你情,

未曾说话礼先行;

见大嫂作上一个揖。

蔡大嫂 （唱）

　　一可是年？

陈小二 （唱）

　　一不是年。

蔡大嫂 （唱）

　　二可是节？

陈小二 （唱）

　　二不是节。

蔡大嫂 （唱）

　　一不是年，二不是节，

　　磕什么头？作什么揖？唻呀，嗨嗨嗨呀，

　　客客气气不随便，嗯哈嗨，嗨嗨嗨呀，

　　客客气气不随便。

陈小二 （唱）

　　见大嫂两个小眼水晶晶，

　　看你好像买卖人。

蔡大嫂 你还会看向吓。

陈小二 子丑寅卯，甲乙丙丁，村前村后，都说我能通神，马马虎虎
　　还懂得一桌麻衣像。

蔡大嫂 你自己说能神通，但不知是真神通还是假弄鬼。

陈小二 （唱）

　　神通名儿外人赠，唻呀，嗨嗨呀，

　　你为何打坐在柳林，嗯哈嗨，嗨嗨嗨呀，

　　你为何打坐在柳林。

　　未曾张口笑吟吟，

　　尊声大嫂你是听。

　　家住那乡并那县，

地里坟向那地方人。

蔡大嫂　（唱）

问我家，家不远，

不是无名少姓人；

家住柳林里，柳林外，

蔡家庄子有我家门。

陈小二　你家住在蔡家庄呀？

蔡大嫂　对呀。

陈小二　蔡家庄有个神。

蔡大嫂　有个人。

陈小二　对，有个人。

蔡大嫂　有名便知，无名不晓。

陈小二　问到有名，大大有名，问一个蔡大嫂，外号叫一枝花。

蔡大嫂　你问她呀？

陈小二　是呀。

蔡大嫂　你站稳了，这里看。

陈小二　闻名。

蔡大嫂　丧胆。

陈小二　一见。

蔡大嫂　筋松。

　　　　（唱）

嗯哈嗨，嗨嗨嗨呀，

蔡大嫂就是奴家名，嗯哈嗨，嗨嗨嗨呀。

蔡大嫂就是奴家名。

我把家乡向你讲，

你把家乡说我听。

陈小二　（唱）

问我家来家不远，

不是无名少姓人；

家住在吴、归、王、白、陈五姓村，

吴归墩上有我家门。

蔡大嫂 慢着，你家住在乌龟墩上，乌龟把颈子一缩，不把你一家人
掉水淹死了吗。

陈小二 错了，我们那个村子住着吴、归、王、白、陈五姓人家，村后
有个土山是姓吴、姓归家的老坟地，名叫吴归墩，别人听错
了，往往误听为乌龟墩。

蔡大嫂 啊，是这样呀，我来问你，吴归墩上有个神。

陈小二 有个人。

蔡大嫂 对，有个人。

陈小二 有名便知，无名不晓。

蔡大嫂 问到有名，大大有名，叫做陈小辫子，外号叫"脚滑溜"，

陈小二 你问到小二爷，这里看。

蔡大嫂 小点货呀。

陈小二 朝上看。

蔡大嫂 闻名。

陈小二 丧胆。

蔡大嫂 一见。

陈小二 筋松。

（唱）

嗯哈嗨，嗨嗨嗨呀，

蔡大嫂就是我的名，嗯哈嗨，嗨嗨嗨呀。

蔡大嫂就是我的名。

未曾张口笑哈哈，

尊声大嫂听根芽；

你今手拎一只纱，

是买的，是卖的；

你要是买带专家，

你要是卖卖给咱。

蔡大嫂　（唱）

我今手拎一只纱，

来到大街卖掉它。

陈小二　（唱）

小小杆秤红溜溜，

叫声大嫂上我钩。

蔡大嫂　歇吧，叫谁上你勾。

陈小二　我叫你纱上我钩，不是叫你人上我钩。

蔡大嫂　啊，那你称吧。

陈小二　请大嫂挂上。

蔡大嫂　生意不大，架子不小，（蔡将纱挂上秤钩，陈称）

（旁白）我来与他开个玩笑（蔡用手拉纱被陈看见）

陈小二　你怎么拉着纱呢？有些不老实。

蔡大嫂　不是啊，纱上面有点脏，我把它擦掉，

陈小二　大嫂你不要太精明了，请站到这边来。

（陈秤，蔡托砣，秤杆渐高）

蔡大嫂　还要抹。

陈小二　差不多了，

蔡大嫂　这样不能卖，还要抹。

陈小二　不能抹，再抹就挂不住砣了。

（被陈看见托锤）哎呀，大嫂你怎么又来了。

蔡大嫂　如此看来你生意精刻，真正不愧称为"脚滑溜"。

陈小二　大嫂取笑了。

（唱）

问大嫂在家称，在家戳，

称称戳戳有几斤。

103

蔡大嫂　（唱）

在家称，在家戳，

称称戳戳有三斤。

陈小二　（唱）

无三斤。

蔡大嫂　（唱）

有三斤。

陈小二　（唱）

有三斤唻无三斤，唻呀，嗨嗨嗨呀，

二斤十四两还溜溜平，嗯哈嗨，嗨嗨嗨呀，

二斤十四两还溜溜秤。

蔡大嫂　（唱）

我说是有三斤整，

你偏说是无三斤，

有三斤来无三斤，唻呀，嗯哈嗨，

你拿大秤糊我们妇道人，嗯哈嗨，嗨嗨嗨呀。

你拿大秤糊我们妇道人。

陈小二　（唱）

你讲我秤大了，

我把秤名说你听。

校秤行里够标准，

苏家埠街上谁不闻？

蔡大嫂　外忟唻？

陈小二　（唱）

外忟十八两。

蔡大嫂　里忟呢？

陈小二　（唱）

里忟倒半斤

蔡大嫂　面上呢？

陈小二　（唱）

　　　　"盖上"嫂子喂，十六两，唻呀，嗨嗨嗨呀，

　　　　公平交易一定不欺人，嗯哈嗨，嗨嗨嗨呀，

　　　　公平交易一定不欺人。

　　　　蔡大嫂一斤纱几百个？

　　　　二斤纱几百文？

　　　　大钱倒要几百整？

蔡大嫂　（唱）

　　　　一斤纱三百个，

　　　　二斤纱六百整，

　　　　三三如九，

　　　　大钱只要九百整。

陈小二　（唱）

　　　　我给你八百一个二。

蔡大嫂　（唱）

　　　　还要客人往上升。

陈小二　（唱）

　　　　八百一个四，

蔡大嫂　（唱）

　　　　还要往上升。

陈小二　（唱）

　　　　八百一个六，

蔡大嫂　（唱）

　　　　还要往上升。

陈小二　（唱）

　　　　八吊一个八，

蔡大嫂　歇吧，做生意哪有这样，八百六都不能卖，扳掉一只有六个

钱,那就能卖了吗?

陈小二　错了,不是这样,

　　　　大钱给你八百八。

蔡大嫂　就是八百八也算巧了。

　　　　(唱)

　　　　今年小花收成差,

　　　　我把巧纱卖给你,

　　　　回家买不到好棉花。

陈小二　(唱)

　　　　你说你纱卖巧了,

　　　　我说你纱不很匀。

蔡大嫂　粗的呢?

陈小二　(唱)

　　　　粗的赛耕索。

蔡大嫂　细的呢?

陈小二　(唱)

　　　　细的赛蛛纱。

蔡大嫂　我中间好呀。

陈小二　(唱)

　　　　撕开裂子看一看,唻呀,嗨嗨嗨呀,

　　　　中间还有疙瘩头子纱,嗯哈嗨,嗨嗨嗨呀,

　　　　中间还有疙瘩头子纱。

蔡大嫂　(唱)

　　　　你讲我纱不很匀,

　　　　我把实话说你听:

　　　　纺纱人有多苦,

　　　　哪天不到二更半三更鼓。

　　　　头又痛,眼又花,

心难过,肺作炸,

孩子床上要奶吃,

肚中饥饿身发麻,唻呀,嗨嗨嗨呀,

因此上才有疙瘩头子纱,嗯哈嗨,嗨嗨嗨呀,

因此上才有疙瘩头子纱。

陈小二 （唱）

纺纱之人苦处深,

织布之人也同样情

将心比心体谅你,唻呀,嗨嗨嗨呀,

疙瘩头子纱不要紧,嗯哈嗨,嗨嗨嗨呀,

疙瘩头子纱不要紧。

蔡大嫂 （唱）

未曾张口笑吟吟,

谢谢客人谅苦情。

日落西山坠乌云,唻呀,嗨嗨嗨呀,

给我纱钱转家门,嗯哈嗨,嗨嗨嗨呀,

给我纱钱转家门。

陈小二 （唱）

听罢大嫂要钱文,

没有光蛋难在心,

伸手腰中摸一把,

腰中讨出买纱钱,

顺治钱,康熙钱,雍正钱,乾隆钱。

蔡大嫂 什么钱弄钱啊?

陈小二 不是钱弄钱,是乾隆乾。

蔡大嫂 （唱）

除掉大钱,

陈小二 （唱）

就是小钱。

蔡大嫂 （唱）

除掉小钱，

陈小二 （唱）

就是鹅眼。

蔡大嫂 （唱）

除掉鹅眼，

陈小二 （唱）

就是剪边。哞呀，嗨嗨嗨呀。

嫂子带回家，

打酒带包烟，嗯哈嗨，嗨嗨嗨呀，

嫂子带回家，

打酒带包烟。

蔡大嫂 （唱）

卖纱得八百，

买米带买花，

日夜辛苦血汗钱，哞呀，嗨嗨嗨呀，

怎舍得打酒包烟胡乱花，嗯哈嗨，嗨嗨嗨呀。

陈小二 （唱）

大嫂说出过日子话，

陈小二心中暗暗夸，

忙把纱钱结算清，哞呀，嗨嗨嗨呀，

以免耽搁大嫂时辰，嗯哈嗨，嗨嗨嗨呀。

以免耽搁大嫂时辰。

**陈小二
蔡大嫂** （合唱）

纱账算得清，

各人还有各人事情，

今天买卖成相识,咪呀,嗨嗨嗨呀,

有空请到我家谈谈心,嗯哈嗨,嗨嗨嗨呀,

有空请到我家谈谈心。

（二人对施一礼,分下）

蔡大嫂这样的合肥女人

——庐剧剧本《卖洋纱》读后

刘政屏

初秋的时候,在父亲的书房,发现刻写油印的庐剧剧本《卖洋纱》,署名日期是1962年5月10日,连忙用手机拍下。我知道父亲的脾气,他感觉不满意不成熟的作品是不会拿出来的,从他把这薄薄的油印本翻找出来这点来看,他是有重新整理的打算,而我要的却是原汁原味,哪怕有些瑕疵或者一些不合适、不完美的地方。

稿子是侄女爱闻录的,这孩子还真不简单,繁体字、异形字乃至错别字居然大多都被她认出和改正了。但因为是地方剧种,有些方言发音并没规范汉字对应,所以只能用近因汉字代替。相信通过此次几个小剧本的录入,她对于合肥的地方文化,对于祖父的戏剧创作,会有一个比较多的了解,而这对于她以后的学习和教学实践无疑都会是有所帮助的。

言归正传,说说我对《卖洋纱》这出戏的理解。

了解这出戏的人,估计会对我将"蔡大嫂"确定为"合肥女人"有些歧义,因为在这出小戏里并没有什么地方明确说蔡大嫂和陈小二是合肥人。我之所以有些武断地确定两个人物是合肥人,是根据戏中的一些唱词和对白,同时因为是庐剧,所以这些理由便显得不那么牵强,当然他们或许是广义的合肥西乡人。

蔡大嫂是纺纱女,陈小二是织布郎,一个到街上卖洋纱,一个到街上买洋纱,尽管两人的戏份旗鼓相当,但蔡大嫂的形象更为生动饱满一些,在她的身上充分体现出合肥女性的外貌与个性,通过对蔡大嫂这个角色的分析,大致可以看出合肥女性的本质品行和性格特征。

戏剧一开始,蔡大嫂登场便唱道:"清早起来冷哈哈,梳油头来戴红花。手拿笤帚扫地下,地下扫得清爽爽。"紧接着,她便开始工作了:"端起小车纺细纱,新打车子套草料。插上锭子浇上油,校校小车滑溜不滑溜。左手抽右手摇,抽抽摇摇细匀条。"

纺好了纱需要拿到街上去卖,然后再买回棉花,于是"我把细纱手中拎,早到大街走一程;蔡大嫂子出门庭,回首带关两扇门;丁条搭在门鼻上,三簧小锁安呐中心。蔡大嫂往前奔,急急忙忙趱路程;今天纱价卖得好,买花买米转家门……小金莲踢开八折紫罗裙,风刮杨柳来的快……"不难看出,蔡大嫂是一位崭括利落的女人,"崭括(guo)"是一句合肥方言,多指女性穿着打扮清爽大方,说话做事干净利索,而蔡大嫂的言行举止,无疑是极为契合的。

崭括的女人大多是性格使然,也有的是命运所逼、生活所迫,不得已而改变。如同现在的女强人,表面上风风火火,气场很大,转过身去,没准又是一番无奈与辛酸。蔡大嫂丈夫是做什么的?有几个孩子?我们都不知道,但我们知道的是她"田不做来地不耕,全靠织布过光阴。"但纺纱这活也不是人们想象中的轻巧活,"一天只织四两线,两天才纺半斤纱。三天到纺十二两,四天才纺一斤纱(过去的十六两制)"。于是她禁不住叹息道:"纺纱之人真正苦,哪天不纺到三更鼓;腰酸手痛头发晕,不敢停车稍歇停。"非但如此,"花行多刻薄,纱行又扣秤;买花卖纱气煞人……懒上大街又不行。……三天不把长街上,米草油盐怎得进门"——分明一曲《纺织谣》,说尽纺纱女的辛苦与无奈,极具白居易《卖炭翁》的意味。而吃苦耐劳无疑是蔡大嫂这样的合肥女性的又一个特点。

当然,悲苦凄凉并不是《卖洋纱》这出戏的主格调,轻松风趣、互谅互让才是整场戏所传达的主题。

蔡大嫂和陈小二柳林偶遇,斗嘴打趣,自我介绍,相互认识后才发现对方都是闻名乡里的"名人"。整个过程,语言俏皮,轻松幽默。

一个要卖纱,一个要买纱,自然顺理成章地做成了生意。交易过程中,先是蔡大嫂故意捣乱,把沙往下拉,把砣往上托,弄得陈小二有些手忙脚乱。然后两个人为重量和货款多少你争我吵,闹腾得不亦乐乎。蔡大嫂伶牙俐齿,陈小二一嘴小讲,两个人旗鼓相当,难分伯仲。

终于两个人都有些恼羞成怒,蔡大嫂说她的纱卖巧(便宜)了,陈小二说蔡大嫂纺的纱不很匀:"粗的赛耕索,细的赛蛛纱……中间还有疙瘩头子纱。"话讲到这份上,气氛就有些不对劲了。

蔡大嫂情绪急转直下,诉说起纺纱女的艰辛:"你讲我纱不很匀,我把实话说你听:纺纱人有多苦,哪天不到二更半三更鼓。头又痛,眼又花,心难过,肺作炸,孩子床上要奶吃,肚中饥饿身发麻……因此上才有疙瘩头子纱。"尽管讲的都是实情,但也不能不说蔡大嫂是一位很机智的女人。适时示弱,以退为进,既可以缓解矛盾,还可能扭转不利局面。显然,蔡大嫂做到了。

陈小二听了蔡大嫂这么一番诉说,果然很是同情(纺纱之人苦处深,织布之人也同样情。将心比心体谅你……疙瘩头子纱不要紧),彼此的矛盾随之云消雾散。剧情随之又回到轻松欢快的基调上来,因为有了一份理解,所以多了一些真诚,蔡大嫂的勤俭持家,会过日子,更是让陈小二心生敬佩,整出戏也在这样和顺友好的气氛中落下帷幕。

通过《卖洋纱》这个剧本,我们不难看出蔡大嫂这样的合肥女人,不但嶄括利落,吃苦耐劳;而且伶俐机智,明晰事理。这样的女性,在老艺人的口口相传中,在父亲的笔下,在合肥地区的舞台上,是那般的翠艳,那般的熨帖人心……

(2017.10)

刘政屏集

合肥东乡刘家

在我的记忆里，老家是在肥东二十埠，但老人们更习惯说东乡，因为在他们的记忆里是没有肥东县这个概念的。老家所在的那块土地长期直属合肥，几十年之后，由于城市的扩张，它被再一次划归合肥，"合肥东乡刘家"因此名副其实，没有了歧义。

根据手头有限的家谱资料，我们合肥东乡刘家的一世祖讳聚，字聚才，夫人曹氏，他们有三个儿子：邦钦、邦文、邦领。

没有关于二世祖到五世祖的信息。

六世祖讳天藻，夫人韦氏，他们有两个儿子：刘默、刘寅。

七世祖刘寅的夫人姓赵，他们有三个儿子：奉川、仰川、金川，我们是刘金川的后代。

家谱在记录完以上资料后，写了一句话："奉川始徙居店埠西三十里埠。"这句话不算太长，12个字，但其信息量却很大。

首先，我们家是从八世祖奉川、仰川、金川兄弟三人开始才迁居到"店埠西三十里埠"的。那么他们早年和他们的父亲、祖父、曾祖、高祖们生活在什么地方？我想，把这个问题和家里老辈们经常说的一句话联系到一起，答案就有了：我们家是从江西瓦渣坝迁过来的。尽管现在通常说法是"瓦屑坝"，但是家里的老辈们一直都说"瓦渣坝"，估计与方言有关系。

据资料记载，洪武二十二年（1389），江西饶州6.4万人移民合肥，我们家族显然是在那个时候长途跋涉到合肥的，但1389年和"奉川始徙居店埠西三十里埠"的明清之际的17世纪中期,有着200多年的距离,这200多年间我们家族在哪里安的家,显然是个谜。不过根据常理推测,应该是在一个比三十里埠自然条件要差一点的地方,人往高处走,水往低处流,人之常情。

还有一种可能是明末张献忠屠城之后,大批江西人来到合肥,刘奉川三兄弟或许就是他们中的一员。

第二个问题,刘奉川三兄弟移居的地方到底是家谱上说的"店埠西三十里埠",还是我所说的二十埠?其实这也并不矛盾,准确地点是二十埠往东,不到三十埠的地方,因为我们每次回乡扫墓,老人们都会说,过了二十埠就快到了,千万不要过三十埠桥。

到了二十埠后,三兄弟就扎下了根,刘金川娶了周氏,生一子荣环,刘荣环成年后娶蒋氏,生一子秉相。真是很悬,两代单传,这在那个年代,该是多么担惊受怕!

好在这一状况在十世祖刘秉相这儿得到巨大改变,夫人刘氏生了4个儿子:国林、国忠、国重、国柱。

十一世祖刘国重生于康熙甲戌年(1694)十一月初四申时,卒于乾隆丙申年(1776)正月二十八日亥时,享年82岁,如此高寿,在那个年代,应该罕见的。

刘国重原配陈氏,继配王氏,有五个儿子:三省、三益、三俊、三品、三余。

十二世祖刘三益字朝祯,号照乙,夫人费氏,他们有三个儿子:怀盛、怀志、怀万。

十三世祖刘怀万生于乾隆丙戌年(1766)九月初七子时,卒于嘉庆庚辰年(1820)三月十五日亥时,享年54岁。夫人姜氏生于乾隆乙未年(1775)十一月初二子时,卒于道光壬午年(1822)十月十七日申时,享年47岁。他们有两个儿子:思应、思刚。

按照年龄推算,刘怀万成家迟,得子更迟,长子思应出生时他41岁,次子思刚出生时他已经45岁了。因此当他54岁去世的时候,两个儿子分别才13岁和9岁,两年后夫人姜氏去世,思应、思刚兄弟俩成为孤儿,幸有族中长辈照应才得以存活。同时也开启了他们及其子孙艰苦卓绝的、振兴家业的奋斗史,开启了一部颇为励志的家族传奇。

刘怀万之前,我们家族应该是没有统一的辈分的,"怀"字辈是我们家族一直沿用至今的辈分的第一代。小的时候父亲就教我们"怀思德泽绍家政,爱慕恩荣庆国光"14字辈分,次数多了,我们兄弟均已背得烂熟,任何时候、任何场合,顺口溜似的不打磕顿。

父亲还说过我们家族的大门对联是"教书延汉业 正字换唐文",无论走到哪里,只要看到贴这样对联的人家,就可以判定我们是一家人。

从17世纪中期至今,我们刘氏家族在合肥东乡已经生活了300多年,这么多年来,家族的很多后代陆续从二十埠那块土地走出来,走向全国各地乃至世界,"合肥东乡刘家"渐渐成为一个符号,成为我们记忆中一块醒目的地标,提醒着我们这些后人,要时时记住我们是从哪里来的。

（2017.07）

作者(右一)和祖母、父母及兄长合影

200年前：那个少年

200年，感觉挺远的，远到几乎一片空白。但200年前的1822年，对于合肥一个家族来说，却是个很严峻的年头。

那一年的11月30日（清道光壬午年十月十七日），合肥东乡，一位47岁的妇人离开了人世，一个11岁的少年从此成了孤儿。两年多前他的父亲死了，如今母亲又撒手而去，家里一贫如洗。

少年有一个哥哥，比他大4岁，但是很小的时候耳朵聋了，兄弟两人的处境可想而知。失巢的雏鸟，无根的浮萍，随时都会被那个危机四伏的时代吞噬。

少年是有亲戚的，但亲戚这种关系有时很微妙，大家境况相当，年景也不错的时候，走动走动，很是热乎。如果一个家庭破败了，即便是有两个孩子孤苦伶仃需要照顾，也很难想象会有人伸出手来。因为实在是很难看到一个好的前景，无端地把自己带进去，显然是不够理性的。而在理性面前，血缘关系往往不堪一击。

幸好不是所有人都这么想，而愿意伸出手来的也不一定就是最应该站出来或者最有实力的那一个。少年的堂伯母，一位慈悲的人，走进少年的家。

茫然无措之际，能够有一个人给予照应和指导无疑已经是件很幸运的事，更为幸运的是这位堂伯母不但心地善良，而且极有远见。她明白对于兄弟俩来说，至为关键的不是一时的温饱，而是一世的日子，这一点，即便是别人有能力并且愿意，也是帮不了的。

她对少年说:你家里现状是上无片瓦,下无立锥之地。你虽然有一个哥哥,但他因为耳聋,最终还是要依靠你的,你如果不能自强自立,那么你将辜负父母对你的殷殷期望。

根据我对合肥人的判断,这位堂伯母应该是一位有主见,遇事果断,手脚麻利,快人快语的人,在合肥俗语里,形容这样的女性,有一个专用词:"崭括(读类似guō音)"。

对于一个11岁的少年来说,堂伯母的话他是否理解,是否能够经受得住,都是个问题。但少年显然是听懂了,他一定也记着父母去世时对他的叮咛和嘱托,他哭了,流着眼泪他对堂伯母说:请大大(合肥人称呼伯母dàda)放心,我一定会好好干的。

少年是这么说的也是这么做的,尽管年少体弱,但是用心去学,努力去干。虽然因为年代久远,我们无从知晓他所经历的种种艰辛,但我们可以想象,一个十多岁的少年,是如何地面朝黄土背朝天,如何让自己的汗水变成一点一滴的收获。这真是一个戳人泪点的励志故事,设身处地去想,的确不仅仅是泪流满面的感动。

有时候,那个叫"命运"的东西很过分,过分到超出一个人的承受力。比如对这样一个11岁的少年,已经超越了一般的考验,要么活下来,要么就是死路一条,而活下来真是谈何容易啊,春夏秋冬,风霜雨雪,的确是太难!

合肥有句俗语叫做"苦做苦累",对于少年来说,这个苦做苦累的过程一定不会很短,但老天有眼,让他兄弟俩渐渐寻得一条活路,进而过上衣食无虞的生活。少年长大了,显然并不满足于有饭吃有衣穿,他要凭着自己的努力让他们兄弟过上更好的生活。有些积蓄的他开始经商做起了生意,积攒起来的财富让他兄弟俩终于可以娶媳妇成家了。

我注意到一个细节:他的年龄比妻子大11岁,他们的长子生于1842年,由此可以推测他大约在30岁的时候才娶妻生子,这个岁数即便是在现在,也算得上是大龄,更何况是近两百年前的清朝。由此可见他创业之艰辛、历时之久长。

在合肥东乡，生活能过得去的人家，都会在男孩十几岁的时为他娶一个媳妇，这个媳妇往往还会比男孩大上个两三岁。因此一个男子不到四十岁就当上了爷爷是比较普遍的。但如果是穷苦之家，那就不一定了，一辈子娶不到媳妇打光棍的也大有人在。

对于哥哥，他一直悉心照应，由于哥哥不善理事，哥哥的大小事情基本上都由他一人大包大揽，包括理财养家。哥哥将近40岁成家，有两个儿子，两家下一代关系也非常融洽，这一切应该都是受到他的影响。

同时，富裕起来以后的他依然保持着勤俭节约的习惯——"以俭约如在贫者"。对于大多数人来说，早年时的苦难，创业时的艰辛，通常会随着时间的推移、财富的积累而淡忘，因此，无论是在过去还是现在，能够意识到、做到这一点都是很不容易的。

父母早亡，一直是他心里最大的痛。对于自己没有机会孝敬父母这件事，一直引以为憾，因此，每逢父母的忌日及自己的生日，他都是忌酒素食，对于四时之祭，也都是认真谨慎对待。可见他是一位懂礼仪、重感情的温厚之人。

他广交朋友，对于名儒大家更是恭敬之至。他经常对子孙们说：我小的时候因为家里贫困没有机会读书，现在岁数大了想读也来不及了。你们必须刻苦勤奋地学习（"汝辈须勤苦力学"），书读好了，即便以后当高官做大事光宗耀祖，也不会忘记做人处事的道理。

这真是一个了不起的见解，也是一个很有高度的要求，因为从来"明理"就是一个人最低也是最高的目标，能够做到这一点，就不会有诸如"夜郎自大""目中无人""骄奢淫逸""贪得无厌"等现象的出现。谨慎，自律，节俭，好学，由此成为一个家族恪守的行为规范，尽管有左右偏离的时候，导致一些谨小慎微或者好逸恶劳的现象出现，但总体来说，它们还是得以很好的延续和传承。

尽管自己算不上特别富有，但他为人仗义慷慨，帮助贫弱之人，

"无几微吝色"。清咸丰年间，时局动荡，他一个人捐出数十石稻米，赢得极好的声誉。一天晚上他从外面回家，偶然听见几个偷菜的灾民在说："这菜不知道是不是刘公家的，如果是，坚决不能拿。"这件事让他非常感慨，常常以此教育勉励自己的后人。

当然一个人与人为善，绝不仅仅表现在仗义疏财，在处理人际关系方面也应该是这样。同乡有一个人因触犯众怒，大家准备以军法处置他，在他竭力劝说下免于一死，一个人因此悔过自新，一个大家庭因此得以保全，说功德无量应该不过分。

低调做人是他一向的原则，时局稍微平定一些后，有朋友多次写信邀请他去江苏做事，他力辞不往，安心在家务农。同一家族的月波公出钱为他捐了一个九品的官衔，他知道后赶紧把钱给月波公送了过去，月波公推辞不要，但在他一再坚持下只好收下。在他看来，尽管他们之间的关系很好，但也不能让朋友为他花钱捐官。

太平的日子很短，时局再次动荡。邻里百姓惶惶不可终日，纷纷投靠他，当年孤立无援的少年已然成为乡里乡亲的主心骨。他还没来得及把大家安顿好，夜半时分，土匪就来了。几百人仓皇逃窜，纷纷躲到稻田里，祈祷能够躲过一劫。他临危不乱，暗自观察，发现土匪人数并不多，便站起身来大喊杀贼。邻里中的年轻人手持家伙齐声应和。土匪们发现喊声四起，气势很大，惊吓不已，落荒而逃。

这是怎样的一个场面，如果用现在的电影或者电视演绎出来，绝对够得上惊险刺激。不费一兵一卒，智退土匪，自然让乡亲们感激涕零，他智勇双全的传说因此流传得很远很久。

当少年老了的时候，尽管依然耳聪目明，精神充健，但已经把家里产业交给孩子们去打理。含饴弄孙，颐养天年之外，他仍时常教导子孙对人要忠厚友善，可见他把做人看作人生最重要的事。

夏天的时候，七十八岁的他似乎有些预感自己将不久于人世，他张罗着让人做了十余箱的纸，供子孙们读书写字用，拳拳之心，殷殷期望，让人唏嘘不已。

这位少年就是我的天祖,也就是我曾祖的祖父。天祖讳思刚,字健庵,册名景周,在家谱排列中是第十四世。

天祖生于嘉庆辛未年十月初九日午时,卒于光绪乙丑年十月十二日未时,享年78岁。夫人蔡氏,生于道光壬寅年五月初四子时,卒于光绪壬寅年三月十六日未时(1902.4.23),享年八十岁。他们有三个儿子:德林,德劭,德文,另外还有一个女儿,成年后嫁到一个王姓人家。

天祖是我先辈里第一位有专门文字记载的人物,目前可以见到的是桐城籍文化大家马其昶的《刘君墓表》,扬州籍国学大家李祥的《健庵刘先生别传》,以及我大曾祖刘访渠的《先大父健庵府君行略》。从文字的内容可以看出,马、李两位先生的文字基本内容,应该都是源于刘访渠回忆祖父(大父)的文章。《先大父健庵府君行略》无论是从情感还是内容,都显得充实、饱满。

马其昶在他的文章最后写道:"君学行誉望不必显,乃能走悍贼、化其乡人。若此,使乘时赴会,以立功名,何难焉?"不愧是大家,能够通过有限的资料对我的天祖做出比较客观、精当的评价。虽然天祖出身贫寒,但透过他一生,我读到了顽强和担当,而这,在任何时候,都是弥足珍贵的品质。

这几天脑海里时常会出现这样一个画面:

1889年的深秋,合肥的天气应该还是很好的,天祖靠在躺椅上,看暖暖的阳光透过五彩斑斓的树叶。老人家有些迷糊,脑海里不断闪现出一个个场景,那么久远,又那么熟悉:村边上母亲的新坟,田野里飘洒的汗水,外出时疲惫的步伐,成家后欣慰的笑容。耳边忽然传来孩子们的笑声,抬眼望去,远处不几个小孩子追逐嬉闹着,那是他的重孙子们,他微微地笑着,自语般地说:慢慢(合肥方言读类似mǎn mǎn音)的,慢慢的……

(2017.07)

俭己益人自有福报

有关五男二女的说法可谓流传久远，它原本是指一个家族子孙繁衍，有福气，后来竟然逐渐成为一个标准模式，似乎生有正好生养了五男二女才是最有福气的人。

在清朝末年的合肥，就有这样一个人，夫人恰好生养了五个儿子两个女儿。那么他是不是有福之人呢，我有些好奇。

我之所以好奇，是因为他是我的高祖，是我们家族史上一个很重要的人物。

我仔细研究一番之后，发现还真是这样，俗世间的所有的"福气"他似乎大多都拥有。

出生在一个比较富有的家庭自然是一种幸福。

尽管他的家族一直以务农为主，日子过得并不富裕，但这种状态在他出生的时候有了很大的改变：家里不仅比较富足，父亲还做起了小生意。父亲的勤劳和智慧让家里的日子越来越好，他自然会有一个衣食无忧的幸福童年。

有了更多一些的财富显然更是一种福气。

尽管时局一直不太平，但家里似乎并没有受多少影响，父亲上了年纪之后，把田地和生意都交给他打理，他不但守住了这些财富，还使它们有所扩大，在那样一个动荡的日子里，这很不简单，也是很大的福气和运气。

当然，拥有一个好太太不是一般的有福。

高祖母"秉性和顺,气体素健",从小就是一个孝顺的孩子,深受其父母的喜爱。她十七岁的时候,时局动荡,人心惶惶,父母无奈之下,匆匆把她送到了已经定过亲的刘家,两年之后,才正式和高祖成亲。乱世之下的无奈之举,高祖母心中的惶恐、凄凉和委屈可想而知。

嫁到刘家后的高祖母,对待公婆如同父母,具体来说:"事有所需,无弗供也;意有所向,无弗从也。"同时,"凡家内外粗细举动,力所能为,不以待人"。温和孝顺,任劳任怨,这样的儿媳妇,公婆自然会特别喜欢,会"爱如己女",而"从无呵责"。

高祖性格刚直,有时少不了发脾气,每逢这个时候,高祖母"常顺事无违",如此一来,自然不会发生冲突。对待丈夫是这样,对待两个弟媳妇也是这样,"善则相推,过则归己",而之所以这样做的原因,是怕公婆不开心。高祖母这样的胸襟和境界,真是很难得。一辈子不会严词厉色对人,同时能够宽容原谅家里大人孩子的过失,和别人说话时语调温和,对于自己的子侄也同样如此,而能够做到这样,很不容易。

在一个大家族里,一位女性如果有着贤德的名声,一定是很辛苦同时一定有颇多委屈的,但是她没有因此生发怨恨,这就是一种修行了。有的人也忍,但忍得了一时,忍不了长久,最终还是会爆发或者放弃的。有修行的人不靠忍,靠的是看淡看开,于是,在别人看来很大的事情也就没什么了,于是,本来似乎应该有的桥段会陡然逆转,一场乌龙黑豹、雷雨闪电也瞬间风平浪静了。不明白的人永远不会懂,不在一个层面,不是一个角度,便不可能会有理解和共识。因此,与其说高祖母贤德,不如说她修行得好,是生活中的智者和高人。

人们常说"家有贤妻夫祸少",所谓"贤妻",一定是明理温和、勤劳节俭的,有了这样一位贤妻的高祖,既无生活琐碎之烦恼,也没有什么后顾之忧,自然可以全身心投入自己愿意去做必须去做的事情之中去，并且有所成就。

家庭富裕、妻子贤惠之外，自然就要看孩子有没有出息了。我们现在已无从知道高祖是如何教育他的孩子们的，但是从高祖母对子侄诸孙"时勉以勤苦职业，尤喜能学，以为但得成就，虽贫何憾"，我们能够感受到当时的家风是要求孩子们踏踏实实做事，认认真真读书，如果能够有所成就，即便是贫困一些也没有关系。

在这样一种家庭氛围里，长子刘访渠（泽源）勤学苦练，成为著名的书法家，游历各地，广交朋友，一时声名远播。三字刘泮桥（泽序）、四子刘平阶（泽治）在典当业从学徒做起，逐步成为卓有成就的业界高手和社会名流。对于高祖来说，这无疑是最大的财富和最为欣慰的事情。

由于资料有限，我们不是很清楚高祖具体是做哪方面的生意，从"人乐以钱货籍资生殖，卷舒出入，廓然有余"这句话来看，应该是与民间金融有关，不错的人品赢得很多的客户，道理很简单，但不是每个人都能做到。

高祖继承了其父亲乐善好施的秉性，从张子开"婚丧之不能备，饥寒之不能存，及他善举，无不计力周助。尝有贫佣失金欲自损生者，为偿而全之。又有幼年瞽目，依祖母行乞，资使学五行术，遂有室家。以生以养，受者衔感"的叙述中，我们可以发现，高祖常常是在别人窘迫穷困之时，伸手相助，这样的救助，无疑是雪中送炭。尤其是对于跟随祖母沿街乞讨的盲童，高祖不但周济食物，还资助其掌握一门技艺，最终娶了媳妇成了家，真是做了一件帮人帮到底的大好事。面对别人的感激，高祖"自以卑居力微，不得尽行其意，欲却谢让弗居"。而这已然是超出常人的境界了。

进入老年的高祖，把家中的产业交给老三、老四两个儿子打理，自己则做一些出谋划策的事情，日子过得悠闲惬意。七十九岁生日前夕，大家计划着为他老人家做八十大寿，老人家说：我的父亲也活到八十（虚岁），从来没有为自己做过寿，而且每逢生日，都还会素食一天,因此谢谢各位的好意,这个寿不能做。

高祖是1921年春天去世的,第二年秋天,高祖母的生命也到了尽头,老太太尽管是在病困之中,神志一直很清楚,心态也很坦然,她对刘访渠等子女说:"吾年已七十九,夫何过求?但术者言我老时只得一子送终,吾常病其然。今汝等皆在侧,我不憾矣。至身后治丧,务从俭薄,以遂我性。不得与汝父比也。"

高祖的坚持"俭己益人"和高祖母要求其丧事"务从简薄",实际上都是一种豁达。只有将人生看得很开的人,才会看轻俗世的浮华和虚荣,才能感受到内心的宁静与安详,而这,无疑是人生最大的福报。

高祖讳德林,字茂生,号竹斋,清大学生,在家谱排列中是第十五世,是我曾祖的父亲。他生于道光壬寅年正月十七日巳时,卒于民国辛酉年三月初三日巳时,享年七十九岁。夫人彭氏,生于道光甲辰年七月二十二日申时,卒于民国壬戌年八月初二日丑时,享年七十八岁。他们的五个儿子分别是:泽源,泽扬,泽序,泽治,泽贤,另外还有两个女儿,成年后所嫁人家均姓王。

关于高祖,目前仅见的一篇文字资料是写于1920年初的《刘竹斋先生八十双寿序》,作者是当时的合肥大儒张子开先生。一年多后,高祖母去世,先生又代曾祖父兄弟四人(当时五曾祖已去世)起草了《先母哀启》。

(2017.08)

笃诚专一　兼具豪侠

一

我很小的时候,就知道刘访渠,但模模糊糊,不是很明白。大了以后,才搞清楚他是我曾祖父的大哥,合肥人称曾祖父为"太太",因此我应该称呼他"大太太"。而按照通常说法,他是我的伯曾祖父。

相比于天祖和高祖,有关刘访渠的文字资料是比较多的,但是由于他去世早,之后又迭遭战争和动乱,还是有太多的东西丢失了,包括他几乎所有的收藏和书法作品,而特别让我感觉难受的,是竟然没有一张他的照片或者画像留下来。为这,我查了许多资料,也找过不少亲戚,其中包括他的嫡系后代,每次都是两手空空,一点儿线索也没有。因为这,有一段时间,我处于一种特别不好的状态,以至于会在睡梦中惊醒,沮丧不已。无论如何我也不相信,这么一位极具成就和影响的人,怎么可能一张照片或者画像也没有流传下来?

于是我在现有的资料中寻找有关刘访渠形象的文字。

在兴化籍国学大家李审言的眼里,刘访渠"有顾其杰,声若洪钟";在合肥文化名流陈维藩眼里,刘访渠"气禀壮伟","酒酣论事,义气激昂";在我祖父刘炳卿眼里,刘访渠"躯干修伟,气体素健"。通过这些文字,结合家族相貌特点,一个比较清晰的刘访渠形象便在我心中立了起来。

公元1862年(同治壬戌年),合肥旱,蝗。

那一年9月3日(农历八月初十),刘泽源(字访渠)出生。

据史料记载,这一年的年初,李鸿章奉两广总督曾国藩之命,由江西回合肥招募淮军五营,按湘军营制编组训练。3月,淮军训练告成。4月5日,李率所部淮军由安庆搭乘英轮启程赴沪,镇压太平军,淮军自此兴起。

4月底至5月,清军四面围庐州城,太平军几度反击均未成功,5月12日夜,陈玉成放弃庐州城,率所部出东门,沿护城河向寿州突围,庐州遂被清军多隆阿布占领。

城里被战争蹂躏,民不聊生,四周的乡下自然也好不到哪里,所幸家族经过刘健庵、刘竹斋父子两代的努力,生活状态大为改观,刘访渠及其4个弟弟因此得以陆续读书识字。

但刘访渠对于科举考试似乎不是很感兴趣,并最终决定放弃。不过他对于书法却是情有独钟,尤其痴迷欧阳询的率更体,"颇能貌似"。这时候的刘访渠处于一种业余爱好阶段,而当这种"爱好"达到一定的程度,如果没有名师指导,那么很有可能一辈子就是一个业余水平,难以有所提高和成就。显然刘访渠意识到了这一点,终于在20岁之后找到了自己的老师——书法大家沈用熙。

沈用熙可是位了不起的人物,他自号石翁,少年时即跟随名家学习书法,略知书理。20多岁的时候得识著名书法家包世臣弟子,请教书法。30岁的时候,在南京拜见包世臣,遂执弟子礼。学了3年之后,尽悉包世臣书法理论,并在包世臣指导下苦练技艺。60岁后专习楷书和草书,临帖无数。80岁后其书法艺术达到巅峰。

翁授以安吴笔法,且曰:作书贵在指得势,锋得力,依型掠貌,非书学之要也。于是入锋取势,一遵师言,并寻绎安吴绪论。习之未久,翁称其笔力雄厚,能传其学。凡李唐名碑,泰山刻石,汉魏之分

篆,晋唐之行草诸书,无不悉心探研,临摹不间。(刘炳卿《先伯父访渠公事略》)

透过祖父刘炳卿的这段描述,综合其他史料,我们可以了解到这样的事实:在沈用熙的眼里,年轻的刘访渠不但"笔力雄厚""可跻邓山人",而且更欣赏他"质直不欺",因此"能传其学"。从此悉心探研各种碑帖,"临摹不间"。70多岁的沈用熙和20多岁的刘访渠均通过临摹大量碑帖,将自己的书法水平提高到一个新的高度。

我不懂书法,但"作书贵在指得势,锋得力,依型掠貌,非书学之要也",我似乎听懂了,写字和做事,乃至做人,道理应该是相通的。

二

后来由于外出谋生,不能够每天都有时间和条件练习书法,刘访渠便在早晨醒来后起身,"植指背临碑帖百数十字",然后再下床洗漱饮食。时间久了,成为习惯,即便是在旅途当中,也不曾间断。由此可见他对书法是何等的用心和执着。

1899年,沈用熙去世,这一年刘访渠37岁,他继续在书法艺术上不断练习和探索,"壮岁写八分书,充实恣肆,晚于真行草书,骏宕遒润,大气流行,榜书尤雄厚豪迈,识者谓深得北朝笔意,近世罕有匹者"(刘炳卿《先伯父访渠公事略》)。

渐渐地,刘访渠的作品为越来越多的人喜欢,名声也大了起来。在众多"粉丝"当中,有一个人可谓"铁粉",他就是晚清著名学者,教育家、政治思想家、合肥人蒯光典。

蒯光典是革新派、清流派重要人物。字礼卿,号季述,又自号金粟道人、斤竹山民。光绪八年(1882)中举,九年(1883)连捷成进士,选庶吉士,三年后散馆考试一等,授翰林院检讨。1901年蒯光典总办正阳关督销局,管理淮北盐务。由于他在此之前通过各种渠道和传闻,对刘访渠的为人尤其是书法有所了解,印象颇佳,当即聘请刘访渠助理督销事宜。蒯光典总是在公众场合介绍刘访渠是安吴再传弟子,对其书法大加赞赏。同时不遗余力地四处举荐刘访渠。

之后,刘访渠去了苏州,并在那里住了几个月,结识了清末大臣,金石学家端方(号陶斋),书法家、收藏家费屺怀等人,端方、费屺怀等对刘访渠十分友好,经常和他在一起探讨书法、篆刻艺术,当他们发现刘访渠非但书法一流,鉴赏能力也非常之高,便争相邀请他到家里鉴别个人收藏品,刘访渠因此得以进一步拓展眼界,"遇有名贤手迹,辄勾摹以为矩则"。

可是刘访渠毕竟一介布衣,习惯于自由自在的生活,因而时间一久,便生倦意,"自审以不能周旋要人辞归"。

光绪二十九年(1903),蒯光典调任十二圩督销局后,刘访渠便长期居住蒯在金陵的寓所,教授蒯诸公子书法,蒯每有要务,都会找他商量。

蒯光典是个性情中人,他时常会在晚上,和在他家里做事的一帮文人聊天到半夜。有时他也会找刘访渠下围棋,通常也是彻夜不休,天都亮了,也难分个输赢,"各笑而罢"。

通过长时间近距离接触,蒯光典对刘访渠的人品和能力也给予充分肯定,在他看来:"刘公至性诚笃,能任大事,其书法传世,犹余事也。"可以说这样的评价让我对于大曾祖有了新的认识,不仅仅是一位能写一笔好字的著名书法家,同时还是一位品行高尚、能做大事的高人。否则,蒯光典也不会"家事一令处分,莫敢有违"。

关于这一点,通过兴化籍国学大师李审言的文字,可以得以佐证。李审言和刘访渠1902年相识于蒯府,李审言国学功底深厚,刘访渠书法功力超群,两人惺惺相惜,成为好朋友。在李审言的作品里,多处提到他和刘访渠等好友一起出行,登高观景,饮酒赋诗。

李审言不修边幅,身体也不好,家里也总是有不顺心的事,情绪低沉。刘访渠默默关心、帮助他,"觇其衰剧,以为忧喜"。有人轻慢李审言的时候,刘访渠会冲上去,打抱不平:"裂眦攘臂,痛陈其故,且使加礼"。所有这一切,让李审言非常感动,后来他在给刘访渠的信里写道:"永为弟昆,誓与夫子。"

"永为弟昆,誓与夫子。"李审言在刘访渠逝世8年后,为其撰写墓志铭时,重新提起这8个字,而且认为"至今思之,不可易也"。令人感动。

三

因为不懂书法,加之时间久远,流传下来的书法作品极少,我没有能力欣赏和评价这位伯曾祖父的书法艺术。但陈维藩的一段文字,我认为还是很到位、传神的——"先生气禀壮伟,兼精技击,腕力固已,绝出前世书家。益以石翁之传,摧刚为柔,深厚绵密,一点画备八面之势,一提按运周身之力。舒徐安详中步步崛强,大气鼓荡中丝丝入扣。凡安吴所标万毫齐力,妙在用笔,能在结字,北朝笔、唐贤体者,无不备具。晚更屏去作用,归于简直。识与不识,莫不目为今世邓山人,而不知遭际之远弗逮也"。

"摧刚为柔,深厚绵密,一点画备八面之势,一提按运周身之力。舒徐安详中,步步崛强;大气鼓荡中,丝丝入扣。"这样的文字应该不止是专业,更具神韵,让人读后有身临其境的感觉。

刘访渠书法作品

祖父刘炳卿在其《合肥沈用熙书法源流》一文中,对刘访渠的学书经历及艺术成就进行概括性描述。

131

三十前后笔意近似石翁,多取向势为书。四十以后,转用背势。至五十后,又以体笔过于方峻,不自洽意,于是用笔趋于蕴藉,字体务回互成趣,而以大气流行出之,此其平生作书之过程。然用意虽屡有变动,而逆入平出,步步崛强诸法,终不易也。常言:"书道通于事物之理,深思与工力,两者不可偏废。永字八法,即是一法,笔笔以点下,但下后要折,笔锋才能得力。笔在手中,要按得倒,提得起,一按一提,便能转换。"又言:"《艺舟双楫·论书》,是专门之学,若非深知书道之人,很难免于误解。"

在祖父看来,刘访渠的书法"笃守包、沈遗法,而能自树一帜。笔势洞达,外圆内方,鼓荡酣姿,充实骏发,有轩昂磊落之概。榜书雄峻安详,尤为并世书家所推重"。

沈石翁的弟子不少,但公认的代表人物只有三位:刘访渠、张子开和张琴襄。更难能可贵的是三个人关系极好,"为昆弟交",张子开与刘访渠还是儿女亲家。据陈维藩介绍:"琴襄先生少壮亦学书石翁,极见称赏;子开先生以金石鉴赏尤知名于海内。"两张先生平日关系相当好,对于书法的见解却有所不同,各执己见。但是对于刘访渠的书法,两个人"皆推服备至"。张子开先生认为刘访渠的榜书[擘(bò)窠(kē)大字]是最好的,"前无古人",张琴襄先生认为刘访渠的笔力超过当朝一些著名的书法家,"无论并世"。

如果说两张先生和刘访渠关系甚好,或许难免有偏爱之嫌,那么吴昌硕这样的大家应该是看得比较准确的。他在1916年春写道:"访渠书演拨镫法,师承授受密不疏。安吴再传已仅见,秋毫露滴明光珠。"又说:"访渠先生书法遒古。"

字写得越来越好,名声自然也是越来越大,无论是在合肥还是在北平、天津、上海、杭州,"索书者纷至沓来"。

四

李国松是李鹤章三儿子李经羲的长子,字健父,号木公,光绪二十三年(1897)举人。李国松是一位很有文化和情怀的"富三代",据说他曾为庐州中学捐资数万,延聘名师,广购书籍,由此被推为合肥教育学会总理,升安徽咨议局局长。同时他又是一位大藏书家,所藏图书数万卷。

李国松也十分喜欢沈石翁的书法,对于刘访渠颇有好感,多次与蒯光典商量,请刘访渠移馆其家。光绪三十二年(1906),刘访渠正式进了李府,"教授诸公子书法,兼管合肥义和典务"。

在李府的几年间,刘访渠还会时常外出,有些或许会是为李府的事,有些应该就是单纯地交朋会友,切磋书法。当然也可能两者兼顾。在刘访渠的朋友圈里,前面已经提到的吴昌硕、李审言、端方、费屺怀、张子开、张琴襄、蒯光典、李国松之外,还有马其昶、张楚宝、周六垓、江润生、沈曾植、缪荃孙、段笏林、顾云、冯梦华、陈三立、狄平子、郑孝胥等本省及江浙沪文化大家。

刘访渠一生没有做过官,除了书法之外也没有其他爱好,那么他为什么会结交那么多的朋友,我一直在寻找答案。随着相关资料查询范围的日益扩大,我发现大家对于刘访渠的评价,书法之外,更多的是对其人格魅力的称赞,如:"顾重义气,多才能,敢任","平生重

刘访渠手书石匾(仅余一字)

孝友,笃风义,喜交游,侍亲极谨,处兄弟极诚,事师极忠且敬",

等等。

因为熟悉了解，张子开先生的评价更为细致全面："访渠于资产，不屑屑也，独以书学专长，驰名南北。而性行恢豪，人皆愿得以为交。服其书，尤以其人为莫及。然皆遵先生之训，不为张侈，苟可益人事者，不惮竭诚营赞。辛亥癸丑祸变之际，资联络，消巨患，地方有隐赖焉，而时之人不以德三君，而以先生之教为有然也。"

用现在的话来说，刘访渠不但书法一流，而且是一位能力强，重义气，有担当的厚道之人，无论是对待朋友，还是对待长辈、兄弟，都能够尽心尽力。因此，无论在什么地方，人们都愿意和他交朋友，"皆谈艺连茵，修布衣之谊。而行迹落落，无所干请"。

1910年，南洋劝业会在南京举办，这是中国历史上首次以官方名义主办的国际性博览会，展品约达百万件，时人称之为"我中国五千年未有之盛举"。展会历时半年，共有中外30多万人参观。蒯光典鼓动刘访渠作五体书参展，最终，刘访渠的"真草行书屏幅各种"被评为超等奖，由于第一等的"奏奖"里没有书法作品获奖，"超等奖"是书法作品在南洋劝业会获得的最高奖。或许正因为此，在合肥一直有刘访渠作品曾在南洋劝业会上被"评者推为当时书法第一，赠最优奖章"之说，其名声也由此愈发大了起来。

刘访渠在蒯府的时候，除了教授诸公子书法，还帮着蒯光典做了不少事。到了李府，依然如此，并且深受信赖。1911年辛亥革命后，合肥整个政治环境发生了改变，李国松决定避走上海。他将住宅卖了，生意交给刘访渠打理。各种矛盾一下子集中到刘访渠身上，刘访渠"蹈险支危，累月连岁，足以应变不穷，事乃悉解"。

自此，刘访渠正式从幕后走到前台，身份也由一位书法家渐渐成为一位社会活动家。"邑中事故日多，先后主政者多引重先生。凡有关安危之大，纷繁之局，先生辙尽力所能，未尝诿谢。如是者又有年，心神数为烦，日课亦有时辍。"

也就是说,随着刘访渠在社会上的影响力日益增大,官方民间不少事都会找到他,而他又总是尽力去做,从不推诿,时间久了,没有时间研习书法自然也就在所难免了,烦恼亦随之而来。

1919年,刘访渠去北京,拜见了当时的国务总理段祺瑞,被聘为国务院高等顾问。龚心湛代理国务总理期间,继续聘请刘访渠为国务院高等顾问。

1920年,刘访渠到安庆,拜见安徽省长聂宪藩,被聘为省公署高级顾问。许世英任安徽省长后,仍然聘请刘访渠为省公署高级顾问。

五

刘访渠对于老师沈石翁的感情极深,李审言在其作品里,记录了这样一件事:"包安吴《艺舟双楫》,论笔工王永清善为笔。安吴以永清笔大小五支,赠合肥弟子沈用熙,时道光乙巳年(1845)也。余友刘泽源得其最巨者于沈之孙,以饼金八枚易之。其管径七分,毫长三寸许。……访渠重为两先生物,宝若球璧,其实已颖挫不中用矣。"以八枚饼金换得一支不能用的旧毛笔,刘访渠做的这件的确让人有些匪夷所思,甚至感觉很搞笑。但我感觉自己能够理解:他买的不是一支笔,而是一份念想。

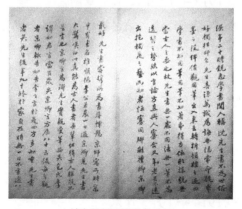

刘访渠(泽源)所书后记

在刘访渠的心里，一直想为老师做一件事，将其85岁时所临《禊叙》《书谱》刊印出版。他应该是在1908年之前便着手做这件事，并于1914年2月撰写《石翁临禊叙书谱合册》后记。

为了让公众能够更加全面地了解沈石翁及其作品，刘访渠请桐城马其昶撰写《沈石翁传》，请张子开撰写《述沈先生书学》，同时约请吴昌硕、郑孝胥、缪荃孙、刘慎诒、李审言、端方、陈三立、狄平子等海上诸名流及马其昶、张子开、李国松、李国筠等题诗题词，附录书后。可见刘访渠对于老师、对于这本书是何等的用心尽力。

据相关资料介绍，刘访渠1916年拜见吴昌硕，请他为《石翁临禊叙书谱合册》题诗的时候，70多岁的吴昌硕正患眼疾，但他还是很认真地题写了一首长诗并题跋，对于沈石翁及刘访渠的书法艺术给予极高的评价，同时一次为刘访渠篆刻了五方印章（"懿翁""访渠""诵抑轩""诵抑""淮南布衣"），可见他对刘访渠何其赏识。

1913年年底至1914年年初，刘访渠在李审言、张子开等人的陪同下，在上海拜访郑孝胥，郑在日记中完整地记录了这件事：

十一月廿六（1913年12月23日）

李审言、张子开、刘访渠来访，访渠携其师合肥沈石坪所临《禊叙》《书谱》示余，求为作跋，将以付印。

十一月廿八（1913年12月25日）微雨

过三多里，唔张子开，谈久之；刘访渠他出，留笔十枚见遗。又过博泉，与二枝。子开云：此笔，毫太长，止能用其半；然余浸透到根用之，亦无不利。

十一月廿九（1913年12月26日）阴

至印书馆，为刘访渠询石印价。

十二月初七（1914年1月2日）

过张子开、刘访渠不遇，以沈石坪书册还之。

十二月初八（1914年1月3日）

张子开、刘访渠、李木公同来。木公名国松，乃李仲仙之子也。
访渠书"海藏楼"匾见赠。

刘访渠的诚心打动了郑孝胥，他不但为《石翁临禊叙书谱合册》
写了两个跋，还代为联络出书事宜。如今，《石翁临禊叙书谱合册》
还能够找得到，"海藏楼"匾不知道是否还在了。

刘访渠对这本书倾注了大量心血，力求尽善尽美，以至于十几
年之后的1922年才正式出版。有评价说：从刘访渠"历时近十年整
理《合册》中可以看出他为人笃诚专一、兼具豪侠的秉性。"冥冥中，
我感觉自己非常能够可以理解这位了不起的先人，他对老师的真
心，做事时的专心，为人处世的厚道，都是源于本性，自然而然。而
这也是他能够成就一番事业，让自己的人生充满传奇色彩的基础。

六

20世纪20年代初开始，合肥东乡的刘家进入一个黑暗时期：

1921年4月10日（民国辛酉年三月初三），刘访渠父亲刘竹斋去
世，享年79岁。1922年9月22日（民国壬戌年八月初二），刘访渠母
亲彭氏去世，享年78岁。4个多月后。1923年2月11日（民国壬戌
年十二月二十六），刘访渠去世。享年61岁。

中风，猝死，着实让人震惊、惋惜。多年之后，陈维藩写道："处
境远不如邓山人，得年又远不如本师，是诚艺林之不幸，非仅一邑人
文而已。"早年为生活四处奔波，书法、家庭、事业蒸蒸日上之时，不
幸英年早逝，真是让人不免扼腕叹息。

近100年过去了，刘访渠的作品和收藏品已经难以寻觅，了解和知
道刘访渠的人越来越少。偶尔，在一些拍卖会上，会有吴昌硕等名家
为其篆刻的印章出现，他的生平被再一次提起，随后，又会被淡忘。

对于合肥这座城市来说,对于书法界来说,刘访渠都是一个不应该被淡忘的人。他的努力和他的贡献,应该被记住。

近日,与父亲说到刘访渠时,父亲说,他小的时候听说刘访渠是一位身材高大、相貌堂堂的人,写一手好字,武功好,口才也好,喜欢喝酒,结交了许多朋友,只可惜天不假年,实在是太可惜了。我想,对于一个家族来说,这样的惋惜可能一直都存在,有时候,一个人的离开,不仅会改变这个家族的走向,也会让许多人的命运因此改变。

而我现在能做的,就是想方设法寻找出贴近史实的资料,让日趋模糊的刘访渠的形象尽可能地清晰起来。我知道,其意义已然超出家族的范畴,其中折射出的精神和气息,或许会散发开来,让一些人得到启发与滋养。

笃诚专一,兼具豪侠,刘访渠的传奇正在徐徐展开……

（2017.07）

刘访渠的朋友圈
——吴昌硕、缪荃孙、李审言、吉城

刘访渠与吴昌硕往事

吴昌硕生于1844年，刘访渠生于1862年，两人相差18岁，他们从哪一年开始交往，没有确切资料。目前可以见到的就是刘访渠为其老师沈石翁编印《石翁临禊叙书谱合册》时，于1916年3月请吴昌硕为其题写的诗。这首诗收入《吴昌硕谈艺录》时，标题为《刘泽源检其师沈石翁手书〈兰亭书谱〉索题》，内容也有少许改动。

吴昌硕先生

在这首诗的后面，还有一段文字："访渠先生书法遒古，运腕得拨镫法，终莫测其师承，先生亦秘不宣也。今观石翁老人所临《禊叙》及《书谱》，飞动沉着，疏密相间，如读晋杨泉《草书歌》，始知先生为老人之及门而包安吴再传弟子，所以点画波磔盖有由来矣。缶学书未得古法，对此准绳，惭悚奚极！"文字不长，信息量却很大。具体说来，有以下几点：

其一，吴昌硕对于刘访渠的书法评价是"遒古，运腕得拨镫法"，同时对于其如何做到这一点很是好奇。

其二，吴昌硕对于沈石翁的书法给予高度评价："今观石翁老人所临《禊叙》及《书谱》，飞动沉着，疏密相间，如读晋杨泉《草书歌》"。

其三，是在弄清楚（同时也是认可）刘访渠是沈石翁的入室弟子包安吴的再传弟子后,称赞其"点画波磔盖有由来矣"。

为人所请,难免客套,比如"缶学书未得古法,对此准绳,惭悚奚极"这样的文字,但作为一代书法大家,吴昌硕是不会说一些不着边际的东西,因此,我们可以得出这样判断:吴昌硕对于刘访渠的书法是持肯定和欣赏态度的。也正因为此,他才会仅仅为这本书,就刻制了5枚印章。同时,书法家葛介屏"吴昌硕一共为刘访渠刻过50多枚印章"这样的说法才会有一个令人信服的理由。

其实这也挺符合吴昌硕的个性,1926年,同样是合肥人的沈曾迈带着他所临写的石鼓、虢盘、琅琊台各数张拜见吴昌硕,吴看了之后,大加赞赏,说沈曾迈的笔已能圆,力量亦好。吴昌硕显然很兴奋,当即把两个儿子藏龛、东迈叫过来,让他们看沈曾迈的字。吴昌硕一面比画着沈曾迈的字,一面说:"沈曾迈才二十六岁,已能写到此,不易啊。"从这件事可以看出,吴昌硕先生极爱才,且不虚伪世故,好的不吝赞美,不好的自然也会指出。他就在沈曾迈请求下,指出沈书法上存在的问题。

刘家和吴家的来往,不仅限于刘访渠与吴昌硕,我的曾祖父刘平阶、祖父刘炳卿和吴昌硕及其儿子也是有来往的。

还有一点特别令人感动:在为《石翁临褉叙书谱合册》题诗时,吴昌硕先生眼疾尚未痊愈,因此整幅字看上去稍显凌乱,为此,老先生特意注上"病目未愈"四个字。

"刘访渠来早饭"——刘访渠和缪荃孙交往录

"刘访渠来早饭"实际上是一句话的一部分,它的原话是"李审言、张子开、刘访渠来早饭,以《王文敏试卷》求题"。源自文化大家缪荃孙1913年12月21日的日记。

一大早就到人家吃饭,显然不是缪荃孙这位江苏人的习惯,也不是他的居住地上海人的习惯,为何如此的原因只可能是:作为认识10多年的文友,他们之间很熟并且关系很好。

缪荃孙(1844—1919),字炎之,又字筱珊,晚号艺风老人,江苏江阴人。他不仅是校勘学、目录学、历史学、方志学、金石学等方面研究的大家,还是著名的藏书家、教育家和政治活动家,是中国近代图书馆事业的奠基人,中国近代教育事业的先驱者之一。国家图书馆前身国立京师图书馆创始人,首任馆长(正监督)。1914年任清史总纂。

缪荃孙先生

刘访渠和缪荃孙认识并交往,依然少不了热心人安吴、沈石翁及刘访渠书法的"铁粉"蒯光典的介绍,这一点在缪荃孙的日记里有很清楚的记录。

缪荃孙日记里提到刘访渠(刘泽源)有21处,所以他们之间的交往应该不止这么多。

根据缪荃孙日记记录,1905年年底,刘访渠在即将结束在南京蒯府的工作移馆李国松府前夕,12月31日(农历十二月初六),与好友李审言一起去缪府辞行。

回到合肥的刘访渠,在教李府弟子书法并代为管理一些事务的同时,时常还会外出,估计有些时候是为李府的事,其他则纯粹是闲游,拜会新朋老友,而张子开这位同乡、同学加好友也时常一同出行。

1908年11月7日,缪荃孙在日记里写道:"张文运(子开)、刘访渠、李审言来。"过一天,他"偕僧保到竹居访张子开,刘访渠、李审言在座"。接着,10日,"又送张子开、刘访渠书三部,《国朝历史》一部"。估计就是那次,缪荃孙答应出面找两江总督、著名金石学家、收藏家端方为《石翁临褉叙书谱合册》题跋。同年12月28日,"李审言来,交刘访渠所托送制台一联十支笔,求题沈先生字及《黄庭》《兰亭》两本"。在礼尚往来的应酬方面刘访渠出手大方,对待老师他常常雪中送炭,从不吝啬,显示出笃诚温厚的一面。

1912年年底,"刘泽源(访渠)、张子开、樊稼山自合肥来"。这时候,缪荃孙应该已经移居上海,之前两年,他在北京做了两年国立京师图书馆正监督,为国家的图书馆建设费心尽力。

1918年4月,刘访渠和张子开去上海,与李审言一起去拜望缪荃孙,半个多月后,缪荃孙专程到他们下榻的地方看望。这一年缪荃孙已经74岁,第二年12月12日,老先生在上海去世。

刘访渠与缪荃孙,一位是享誉全国的名流大儒,一位是来自比较落后保守的内陆城市的平民书法家,他们之间的交往和友情,源于志趣相投及彼此间的相互吸引,而非金钱和利益,这的确非常难得。我想,所谓君子之交,应该就是这样的吧。

永为弟昆——刘访渠与李审言

刘访渠是安徽合肥人,书法家,文化活动家;李审言是江苏兴化人,文学家,学者;照说他们俩是很难有交集的,更不用说成为知己。但人生往往就是这样,因为一个人或一次经历,成就一场缘分一段佳话。这个人就是蒯光典,而刘访渠和李审言则几乎同时在他南京的家里做事。

李审言先生

李审言(1859—1931),名详,字审言,是明代状元宰相李春芳八世孙,"扬州学派"后期代表人物。少聪,饱读诗书,但家道中落,幸有姨母相助,得以继续读书。1876年被江苏学政取为第一名秀才。之后一直读书、教书、校书,颇有成就。1901年到南京蒯光典府中任教,1906年被两江总督端方聘为江楚编译官书局帮总督纂。

1923年受聘为国立东南大学国文系教授。1928年与鲁迅、胡适、陈垣等12人同被聘为中央研究院特约著述员(据说相当于今之学部委员)。

李审言在骈文、方志、金石、目录、选学等方面均有显著成就,有著作共18种,被学人誉为"国学大师"。

李审言和刘访渠1902年相识于蒯府,两人均为草根出身,不修边幅,但两人言语投机,引为知己。刘访渠十分佩服李审言才学,但也有人感觉不以为然,甚为轻慢,耿直的刘访渠可不答应了,他"裂眦攘臂,痛陈其故,且使加礼"。想象一下当时的场景,真是很有意思。

刘访渠在蒯府颇受蒯光典的重视,"有大事必就君,商可否。家事一令处分,莫敢有违。有干以私或请委屈毋摘其隐,则盛色持不可,人多惮之"。由此可见,当时的刘访渠在蒯府还是很有一些影响力和话语权的。李审言则时常愁眉苦脸,他患肺病多年,身体一直不好,家里多病的老母亲、瘦弱的妻子,都让他牵肠挂肚,尤其是几个儿子,不好好读书,且"多有恶嗜",让他揪心不已。同时自己也一直没有好的机遇。所有这一切,刘访渠看在眼里,急在心里,尽力给予他关心和帮助,这让李审言很感动。

随着交情日深,刘访渠和李审言彼此的好朋友也渐渐成为对方的好朋友,李审言和合肥大儒张子开就是这样。而当刘访渠为了完成多年夙愿,为自己老师沈石翁出版《石翁临禊叙书谱合册》时,李审言陪同刘访渠四处拜访海上名流,请他们题跋。

到了李府的刘访渠时常还会去南京和上海的,而每当他到南京或者后来到上海时,李审言都会陪同他去拜访包括缪荃孙在内的一些文化名流,许多李审言的朋友因此成为刘访渠的朋友。

1923年2月11日刘访渠去世,李审言得知这个不幸消息时应该是很受刺激,很难过。多年之后他说:"余友合肥刘君访渠没八年许,每一念君,神志沮丧,若撄骨肉,戚者郁郁。"于是他写了《刘访渠别传》,"揭君磊磊毅丈夫梗槩以质海内,以竟后死者之责"。

1930年,刘访渠的两个弟弟写信给李审言,请他为刘访渠写墓志铭,李审言不但答应了,用工整典雅的文字写出《清故太学生翰林院待诏合肥刘君墓志铭》,而且还饱含深情地回忆他难以忘怀的挚友。

当年在南京的时候,李审言曾经对刘访渠说:"永为弟昆,誓与夫子。"李审言在为刘访渠撰写墓志铭时,重新提起这8个字,而且认为"至今思之,不可易也"。令人感动。

一个世纪过去了,当我们再回首,通过有限的资料,梳理刘访渠和李审言的交往,琢磨他们之间关系的时候,会发现,无论是过去还是现在,人与人之间最为宝贵的,是那种看似平静如水,但总是让人难忘的情义。

清雅之交——刘访渠与吉城

吉城(1867—1928),晚清至民国时期著名经史学家、教育学家、诗人、书法家、文博收藏家,光绪三十三年(1907)受淮扬海兵备道加按察使衔蒯光典之聘赴南京,先后担任蒯氏家塾教师和南京上江公学教师,由此结交了刘访渠、张子开、张琴襄等多位安徽文化名人,与蒯光典、缪荃孙、李审言等苏皖学者共同组建了国文研究会。

吉城先生

应张子开、李国松、李国筠等邀请,吉城于1908年3月至1910年1月在合肥庐州府中学堂任教。在其近两年的日记里,有5处提到了刘访渠,不过他与刘访渠是老相识。1907年年初,吉城去南京蒯光典府中做事,虽然那时候刘访渠已经回到合肥,但还时常会去南京,有时也会和张子开一起,而他们与吉城应该就是在蒯府认识的。

吉城是光绪三十四年二月初二(1908年3月4日)到达合肥,刘访渠则在3天后(二月初五,3月7日)和张子开、李国松等一同去看望了他。刘访渠是庐州府中学堂 3 位筹办者张子开和李国松、李国筠兄弟之外，第一位登门看望的合肥朋友，可见两个人不但认识，而且关系不错。刘访渠是书法家，吉城也善书法，两个人见了面自然也是有话可说的。

当年八月十六（9 月 11 日），吉城暑假后返回合肥，刘访渠又去看望了吉城。9 天后，刘访渠请客，张子开、张琴襄、吉城等出席，而吉城在合肥期间的一些宴席和应酬场合，刘访渠和吉城也应该会时常见面的。还有一点也让我挺好奇：刘访渠酒风豪爽，吉城是否也是如此呢？如果是，那么两人不免喝上几杯，兴致所来，没准还会打趣斗酒呢。

另外，刘访渠时常外出，不在合肥，这或许也是他在《吉城日记》里出现次数不多的原因吧。比如吉城曾在光绪三十四年九月初十（10 月 4 日）的日记里写道"开叟往南京"，而根据《缪荃孙日记》记载，刘访渠应该是与张子开一起去的南京，随后他们又到了上海，而他们回合肥的日期是一个多月后的 11 月 17 日。两天后，吉城"赠访渠小花《八松庵诗集》"。"小花"是清朝诗人李御的代称，年轻时以"一从散罢天花后，空手归来也是香"咏佛手而得名。

宣统元年二月初三（1909 年 2 月 22 日），因事耽搁刚回到合肥的吉城，特地去拜望了刘访渠，春节刚过，又是一年，两个人自然有不少感慨和话题。

《吉城日记》里记载的他与刘访渠的最后一次见面时间是宣统元年十二月初八（1910 年 1 月 18 日），此时，吉城已确定结束在庐州中学堂两年的工作，即将离开合肥。为此，他特地向刘访渠、李国松等人告别。他们见面时的细节我们无从知晓，但他们一定清楚，东台与合肥相距那么远，交通那么不方便，此去经年，他们或许很难再有见面的机会，因此我想彼时的他们，想必应该是一再拱手、互道珍重，同时唏嘘不已吧。

（2019.08—2022.01）

至性诚笃
——刘访渠与蒯光典

当我伯曾祖父刘访渠书法作品为越来越多的人喜欢之后,他的影响力自然也就越来越大,在众多"粉丝"当中,有一个人可谓"铁粉",他就是晚清著名学者,教育家,政治思想家,合肥人蒯光典。

蒯光典先生

蒯光典是革新派、清流派重要人物。字礼卿,号季述,又自号金粟道人、斤竹山民。晚清著名循吏蒯德模第四子。光绪八年(1882)中举,九年(1883)连捷成进士,选庶吉士,三年后散馆考试一等,授翰林院检讨。官至诰授资政大夫、二品衔候补四品京堂、学部丞参上行走、京师督学局局长。

蒯光典之所以会成为刘访渠的"铁粉",是因为他对于沈石翁书法的痴迷,也就是说,蒯光典先是沈石翁的"铁粉",后来才成为刘访渠的"铁粉",而其中的原因,是蒯光典对于书法艺术的热爱,对于家乡书法大家的热爱。

由于蒯光典特别喜欢沈石翁的书法,将其作品带到北京寓所悬挂。当时在北京书法界名气最大的是著名学者李文田(若农),这位李先生可是了不起的人物,咸丰九年(1859)己未科甲探花,是蒙古史和碑学名家,工书善画。据说慈禧太后作画,经常会让一些书法名家为之题志,李文田便是其中之一。

某一天,李文田在蒯光典寓所看到沈石翁的书法作品,大为惊讶:"此真能为古人书者,吾辈但得古人躯壳,不足言也。"蒯光典说:"为乡先生,实亲受笔安吴包氏。"李文田说:"如君言,当百岁矣。"蒯光典说:"方届八十。"我可以想象当时的场景,李文田感觉大为惊讶是他认为沈石翁的书法是得古人书法真谛,不像当时大多数人仅有"古人躯壳"。蒯光典看到李文田的反应,听到这样的评价,感觉一定很好,既为自己的眼光之准而自得,更为家乡书法大家能够得到名流行家的好评而欣慰。这之后,只要有人欣赏沈石翁书法的时候,他都会把李文田的话复述一遍,大有"名家推荐"的意味,而李文田如此之高的评价,也的确影响到公众的观感,时间一久,大家都知道合肥有一位著名的书法家沈石翁。由此可见,蒯光典对于宣传和推广家乡的名人和文化是何其的热心和用心。

蒯光典知道刘访渠应该也是源于书法,因为刘访渠是公认的沈石翁三个弟子之一,其榜书尤为世人称道。

光绪二十七年(1901),蒯光典总办正阳关督销局,管理淮北盐务时,聘请刘访渠助理督销事宜。

蒯光典总是在公众场合介绍刘访渠是安吴再传弟子,对其书法大加赞赏,同时介绍刘访渠与著名学者缪荃孙、沈曾植、端方等认识。

缪荃孙是中国近代金石学家、藏书家、教育家,中国国家图书馆前身京师图书馆的首任馆长,被誉为中国近代图书馆的鼻祖;沈曾植是著名学者、诗人和书法家,博古通今,学贯中西,以"硕学通儒"蜚振中外,誉称"中国大儒";端方是清末大臣,中国新式教育创始人之一,中国第一所省立图书馆创始人,著名金世学家和收藏家,藏品包括古埃及文物。刘访渠结识了这些国内一流的大家,自然受益不小,随着关系进一步密切,大家对于刘访渠也有了更多的了解,当他们得知刘访渠不但书法超群,而且鉴赏能力也很高,便纷纷邀请他到家里欣赏他们收藏的宝贝。刘访渠因此到苏州住了几个月,看了端方、费屺怀等收藏家的藏品,"遇有名贤手迹,辄勾摹以为矩则"。

刘访渠在蒯府教授孩子们书法期间,蒯光典"每有要务"都会找他商量,显然,他对于刘访渠是充分信任的。而刘访渠做事也是尽职尽责,"有干以私或请委屈毋摘其隐,则盛色持不可,人多惮之"。

蒯光典时常会在晚上应酬回来后和在他家里做事的一帮文人谈天说地、探讨学问。据著名作家包笑天回忆,他和一些文人并没有多少事情要做,有时帮着起草一些应酬诗文,其他时间看看书。

蒯光典不仅喜欢和文人聊天,也喜欢和他们下围棋。而下围棋似乎比聊天更容易上瘾,一盘接着一盘下,你赢我几个子,我哪个地方没下好,反思争论,争强好胜,全身心投入其中,完全忘记了时间概念。蒯光典和刘访渠也是这样,下起棋来彻夜不休,也难分个输赢,"往往至日上,犹断断未已,各笑而罢"。

在兴化籍国学大家李审言的作品里,多处提到他和刘访渠等好友一起出行,登高观景,饮酒赋诗。

余于光绪乙巳年六月十九日夜,携合肥刘访渠泽源、殷孟樵晋龄登鸡鸣寺,东蹑此楼(豀蒙楼)。见后湖灯火,灿若繁星。既而微月渐上,极视后湖,深绿浅白,尚可仿佛一二。次日余赋七古一首,有"台城北负山陂陀,鸡鸣高揭争嵬峨"句,又云"万柄荷香不入城,窈窕一川花事歇"。蒯礼卿观察极赏此诗,且朗吟荆公诗"扶舆度阳焰,窈窕一川花"证之。

扫叶楼在江宁清凉门内,即龚半千隐处,楼上画扫叶翁像。山势极高,与南唐翠微亭相接,南望可望牛首隐于云雾间。往与友人刘访渠、殷孟樵登此楼,曾集句为联云:"四禅隐岩曲,双阙似云浮。"蒯礼卿极赏之。访渠任书,卒未果愚。至今思之,似不可无此联也。

两则文人雅事,信息量不小,蒯光典的学养之深让人印象深刻。

　　1910年在南京举办的南洋劝业会,是中国历史上首次以官方名义主办的国际性博览会。所谓"劝业",典出《史记·货殖列传》:"各劝其业,乐其事",即劝导各式人等努力从事自己的本业,以推动实业发展。宣统元年(1909)二月十五日,清廷允准,成立劝业会事务所,具体负责筹办运作。据说中国近代史上一些声名显赫的重量级人物,如袁世凯、张謇、张伯苓、郑孝胥、虞洽卿、张元济、熊希龄、张静江等都曾出现在筹划人群之中。

　　南洋劝业会开幕前夕,清廷农工商部侍郎杨士琦被任命为南洋劝业会审查总长,以钦差大臣的身份监督南洋劝业会的具体实施。蒯光典为南洋劝业会总提调,协助杨士琦对南洋劝业会予以监督指导,并负责对所有参赛物品统一进行检验、审查和评(颁)奖。

　　刘访渠在蒯光典鼓动下,作五体书参展,获书法类最高奖(超等奖)。如此大奖是对刘访渠几十年如一日的勤奋和用心的一种肯定和鼓励,当然也与蒯光典等人持续的支持与推荐有着很大关系,至此,刘访渠的书法艺术达到一个新的高度,知名度和影响力得到极大提升。

　　1910年11月29日,南洋劝业会闭幕。41天后,1911年1月9日,蒯光典因病去世。3年后,1914年2月14日,刘访渠为《石翁临禊叙书谱合册》写了一篇不到500字的后记,他在结尾处写道:"源客京卿所,曾以索跋,京卿言:'吾知先生……有四方之名者,亦吾也尚有人所不能言者,当为子书之。'然卒未果为,今京卿与先生均为古人矣,源将公先生书于世,而以此册付石印。因并著京卿之知先生及所以广先生之名者。"

　　平静的文字下,是深深的遗憾和感慨。

(2019.11)

不介而亲

——刘访渠与张子开

在合肥书法大家沈石翁的学生中,我曾伯祖父刘访渠、张子开、张琴襄是最为杰出的3位,他们3人既是同学又是挚友,其中刘访渠和张子开还结了儿女亲家:张子开的五儿子张茂源娶了刘访渠五弟(我曾叔祖父)的女儿,两家的关系由此更近了一步。

张子开(1863—1938),名文运,又名运,字子开,书室名"商旧学斋"。合肥人,著名书法家、学者。光绪十四年(1888)举人,曾被任命为桐城县教谕,1907年出任庐州中学堂学监,成绩显著。后于家中设馆讲学,先后弟子数百人,影响广泛。

张子开先生

在张子开的印象中,刘访渠"处事详实,吐言真率,性刚若不可犯,而遇人无不一出于厚"。又说:"访渠于资产,不屑屑也,独以书学专长,驰名南北。而性行恢豪,人皆愿得以为交。服其书,尤以其人为莫及。然皆遵先生之训,不为张侈,苟可益人事者,不惮竭诚营赞。辛亥癸丑祸变之际,资联络,消巨患,地方有隐赖焉,而时之人不以德三君,而以先生之教为有然也。"

张子开、张琴襄两先生对于刘访渠的书法"皆推服备至"。认为刘访渠的榜书和笔力"前无古人""无论并世"。

张子开先生因为身体等原因,一辈子没有离开合肥外出做事,刘访渠则因为蒯光典执意邀请的缘故,去了南京、苏州、上海,越走越远,同时结交了不少朋友,和兴化籍国学大家李审言等成为挚友。时间久了,刘访渠的朋友也成了张子开的朋友,张子开与李审言的交往,就是这样。

据李审言回忆,他是在刘访渠那里看到张子开写的书信,感觉其"用笔婉转",很是惊异,于是对刘访渠说:"子同县有此人,是淮肥间气所钟也。"刘访渠将李审言的话写信告诉了张子开。他乡遇知音,张子开自然也是很高兴,两个人由此开始书信交往,谈古论今,探讨学问,"不异面谈"。在李审言看来,张子开"博雅工书,文章行谊,冠绝一时"。

1908年或者更早,刘访渠就开始着手编辑《石翁临禊叙书谱合册》,并约请上海江浙一些文化名家为之题跋。1908年11月7日,刘访渠和张子开、李审言一起去拜访缪荃孙。根据《缪荃孙日记》记载,这之后张子开至少还去过3次南京,时间分别是1912年12月,1913年12月,1918年4月。

1913年12月那次去南京,刘访渠、张子开不但和李审言一起去拜访了缪荃孙,在缪府吃了早饭,还一起去拜访当时海上文化大家郑孝胥,请他为《石翁临禊叙书谱合册》题跋。后来,李审言为此书题跋,张子开则更是分别撰写了两个跋,由此可见李审言和张子开在这件事上都是为刘访渠助了一臂之力的。

1931年,刘访渠去世8年后,李审言和张子开为刘访渠撰写墓志铭,将他们对于好友的感情倾注在每一个字每一个笔画中。

张子开常年在家中讲学,学生众多。根据一位学生的学习笔记,张子开在讲授书法时,时常会提及刘访渠,无论是趣闻还是轶事,都是围绕着书法,由此也从侧面展现出刘访渠是怎样的一个人。

访渠有时书春联，自以为随便摆摆，余谓只随便便佳，以能行意也。

访渠有时用心写一中堂赠余，嫌太密，反不如酒后为余所作书，当时所用笔甚劣，因言："这到刻（音）是笔？"只好"顺笔拖拖"，但能踞得住，反甚佳。

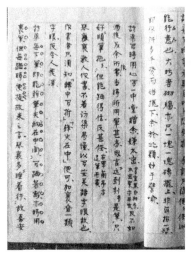

张子开学生笔记

琴襄教人作书，不若访渠易懂，以有安吴诸字眼故也。作书者只须知"转中有折""锋间在中"便可，加"里""叠"一类字眼，反令人发浑。

访渠每下笔即能将笔尖纳在中间，有踞著写，亦时用里笔，但每踞时便提，故未之言。琴襄多"睡着行"，故喜安吴里笔之语，里字前人未尝言，惟云笔要敛。

"访渠《黄仙鹤》本三百金得之，出手甚大，盖习见蒯、端诸人重价购碑帖。"

当我看到刘访渠刻意写字送人，反而不如平时酒后用很差的笔随意挥洒要好这则轶事时，我忍不住立刻与家人进行分享，因为我的老父亲写字时就是这样，写诗和剧本唱词的时候也是如此，一气呵成时，真是很好，然后越改越僵，格律工整了，意趣则差了许多。

对此,张子开对此也是深有体会:"凡事过于注重,则神气皆纠。"

至于花三百金购一珍贵碑帖,我以为既是受到蒯光典、端方等一定影响,也是性情使然,两位弟弟则是砸锅卖铁也会把钱凑足汇给他,类似的故事一直在刘氏家族里流传。

张子开先生题跋

在合肥方言中,"发浑"除去其本意"浑浊"之外,还有类似"犯糊涂"和"莽撞犯愣"等意思,这里显然是第一种意思:犯糊涂。至于"这到刻",应该是一种表达调侃情绪时的发语词。酒后的刘访渠,拿着一支很差的笔,笑道:"这到刻(音)是笔?"于是只好"顺笔拖拖"。显然,如此生动有趣的场景一直在张子开的记忆中,即便是老友去世多年之后,提起此事,依然清新如昨。

刘访渠去世后,张家与刘家一直保持联系,张子开和我三伯曾祖父刘泮桥、曾祖父刘平阶也时常走动,1932年我曾祖母去世后,他还特意在两年后我曾祖父六十整寿时作文宽慰。

> 余与平阶君昆弟交四十年于兹矣。初以书学之好与访渠待诏君不介而亲,而君与泮桥君亦皆一见若旧。是时,东方兵事后,朝廷虽意在求强,而尚未有纷扰之政。民间安于常业,守礼敦谊,酬酢之会往往而有。故余与君昆弟数得欬聚,久之益密亲。昆弟不啻焉。后余小子濂又婿君从女,重之婚姻,然亲善之情,故不待为增厚也。

"不介而亲""一见若旧"张子开与刘家三兄弟之间的友情之深可想而知。

伯曾祖父刘访渠在世的时候,我祖父刘炳卿就分别跟随他和张子开学习书法和文史,1923年刘访渠去世后,张子开成为他唯一的老师。第二年曾祖父带领全家去运漕,唯独将我祖父这一房留在合肥,为的就是让我祖父能够继续随张子开先生学习。

多年之后,当我祖父回忆起张子开先生时写道:"先生性高简,外和易而内至刚,生平无恒人之求。读书七十年,迄笃老流离不倦。"钦佩之情,溢于言表。

1937年七七事变后,为躲避日本飞机的轰炸,刘家和张家都跑反到三河镇。1938年5月合肥沦陷后,日军入侵三河,两家人又一同逃难到三河乡下胡家湾。我祖父认为大难之时一家人不能够待在一起,于是四处散开,只将我父亲刘定九留在了张家。

据我父亲回忆,那时候他不到9岁,整天凄凄惶惶,难得开个笑脸。吃饭的时候,张子开先生坐在桌子的一边,我父亲因为是亲戚,坐在他的对面,家里其他人都不上桌子。老先生半闭着眼睛,时而会问我父亲一句诸如"可想家啊?"之类的话,轻轻的一句话,让我年幼的父亲感到既温暖又委屈,抽着鼻子点点头。

这么多年来,我父亲每次说起这件事,总是很感慨,颠沛流离的日子,一老一小默然对坐的场景,也因此长久地留在我的脑海中。

(2019.11)

三个有情有义的文人

——读马其昶《慈竹居图记》

桐城籍文化大家马其昶的《慈竹居图记》不到500字。但其中有关亲情、友情的记录和思考颇多，反复阅读之后，尝试罗略如下。

首先是心酸无奈、牵肠挂肚的亲情。

兴化籍文化大家李审言（李详）家境不是很好，八十高龄的母亲又卧病在床，"旬有数警"。当时还在南京蒯光典府中做事的李审言自然心里很不安，"忍寄此间，如负芒刺"。决定"明年归家奉母，誓不再出"。也就是说做完这一年，明年再也不出门做事了。

为了化解思母之情，也为了祝母亲八十大寿，李审言请人画了一幅《慈竹居图》：老母亲扶着拐杖俯身坐在那里，李审言拾级而上，或者是

马其昶先生

问安，或者是要告诉母亲什么事，四周慈竹围绕，风景优美。

《慈竹居图》画好之后，李审言请了陈三立、马其昶等名家为之著文题诗，在信中，李审言向马其昶介绍了他母亲艰辛的一生：虽然在娘家生活得很好，但嫁到李家后，丈夫不善理财，嫁妆很快就被挥霍一空，从此日子越来越艰难，以至于"中更艰苦，有非人所堪者"。好不容易李审言有所成就和收入，老人家却重病不起。可想而知，李审言心里是何等的难受。

马其昶虽然不是很了解李审言的家事，但通过李审言的为人处世，

基本上可以判定他是一个孝顺母亲的人。在马其昶看来，一个人只有在小的时候，可以专心孝顺父母，因为长大之后："交游盛而别离之事起，贫者尤甚焉。"不管是富贵还是贫穷，一旦出门做事、挣钱了，就意味着要和家中父母亲人别离。而这样的"别离"，有时动辄数年，即便是能够每年都回来，也是待不了多长时间又要走，一年之内在家里的时间往往不到十分之一。——"或历岁不归，或岁一再归，坐席未安辄去。率十年计之，乃不能有一年之日"。

再联想到自己，父母去世已十多年以上时间，因此看到李审言用心筹办老母亲八十大寿，自然会有些羡慕的。所以尽管他并没有看到《慈竹居图》，但他却非常了解李审言的心情，并能说出李审言心里想说的话，正所谓人同此心。

马其昶言语之间对于刘访渠、李审言这一对好朋友的评价，虽然笔墨不多，但是很有见地。

他在文章的开头这么评价刘访渠："吾友刘君访渠，其为人古所称悃愊无华者也。"悃愊（kùnbì）是至诚、诚实的意思；无华是朴实、实在的意思。这样的人，自然是对人实诚，能够交到好朋友。马其昶在刘访渠那里看到李审言写给刘访渠信，在赞叹其"辞采蔚然"的同时，还感受到他"用情尤深"，同时既奇怪又感叹刘访渠、李审言这两位气质特征看起来完全不搭的人，居然能够成为骨肉亲兄弟一般。——"至两君文质不同尚，其交厚乃有若骨肉。"

联想到李审言曾经说过的"永为弟昆，誓与夫子"，"至今思之，不可易也"。马其昶的判断显然是正确的。

马其昶虽然没有和李审言见过面（估计是通过刘访渠的介绍联系上，依靠书信交流），但很了解李审言的人品、学养和为人（应该也是通过刘访渠介绍和阅读其书信文章），因而对于李审言的评价也很高："李君淹雅，知名当世。"正因为此，学养很高的马其昶在完成《屈原赋注》后，还特地把书稿寄到南京，请李审言看一看，把把关。李审言很用心地看了书稿之后，坦率地提出自己的意见，让马其昶很感动。——"君幸教之无隐"。

由此可见，马其昶和李审言相识相交，成为好朋友，源于刘访渠介绍；马其昶请李审言为其作品把关，李审言请马其昶为其母亲祝寿图著文，也都有刘访渠在一旁促成（"访渠亦为之请"），因此，这篇《慈竹居图记》，才会从刘访渠写起，让这个似乎不相干的人，成为文章不可或缺的一部分。

这或许就是为人所称道和羡慕的君子之交吧？马其昶、李审言、刘访渠，三个有情有义的文人，不世俗，不功利，自然而然。

（2021.07）

附：

慈竹居图记

马其昶

吾友刘君访渠，其为人古所称恫慅无华者也。余尝从其所见兴化李君审言笔札，辞采蔚然，其用情尤深。至两君文质不同尚，其交厚乃有若骨肉。

余与李君虽未见，然能知其为人也。李君淹雅，知名当世。予时方为《屈原赋注》，寄江宁求君是正。君幸教之无隐。

君亦寓书丏题所为《慈竹居图》者曰：详有老母年八十矣，母昔长华胰，自归先子，斥其嫁訾，恤亲振族，数年略尽。中更艰苦，有非人所堪者。今详庸书四方，稍具甘旨，而老母病卧床，旬有数警。明年归家奉母，誓不再出。忍寄此间，如负芒刺。比嘱友人图母搘杖俯坐，详由阶而上，欲有所请。环荫慈竹，清景绝胜。

子幸为之言，庶托不朽，亦详报母之一专。访渠亦为之请，余推君交友之道，固知君之能事其母也。尝以谓人子之得用其情于吾亲者，独有少时耳。交游盛而别离之事起，贫者尤甚焉。或历岁不归，或岁一再归，坐席未安辙去。率十年计之，乃不能有一年之日。其余时徒以贻其亲忧，人亦何赖有此子为也。而其势又未可得已。此李君之所为自伤。而予之离吾父母，远逾二十，近且十余年。思李君盖羡其尤有今日，然则李君之图，予虽未见，而能言其图之意者，宜莫如余也。

因为之记。

《慈竹居图记》，收录于《马伯通文钞》（中国图书公司和记1917年版）

君尤跌宕有风采

　　他出生在近150年前的1874年,他有着不少富有传奇色彩的经历,但是关于他的文字记录却并不是很多,而他的生平事迹基本上都是以故事的形式流传下来,成为其家族文化中华彩而厚重的一部分。

　　他是我的曾祖父刘泽治,字平阶。

　　故事还真不少,能够找到相关文字资料和史料的自然尽量用上,一些重要的史实一定是有所根据,本本分分地做人做事写东西,心里踏实。

刘平阶

三兄弟创业

　　家族经过两代人的努力,逐渐摆脱了贫困,过上了比较富裕的生活。他在五兄弟里行四,逐渐长大之后,兄弟几人的个性特点慢慢显现出来。大哥痴迷书法,20岁时拜师学习,30岁时有幸拜著名书法家沈石翁为师,逐步成为一名有自己个性特色的书法家。

　　老三老四哥俩十几岁时进城,在当铺里学做生意,可谓从最底层做起。慢慢成长成熟起来,有了自己的生意。

　　走出来的三兄弟,依靠着自己的能力和努力,依靠互帮互助,成为合肥城里的知名人士。

这三兄弟里的老大刘泽源，字访渠，著名书法家；老三刘泽序，字泮桥，实业家；老四就是我的曾祖父，社会活动家、实业家。

三兄弟成家都比较早，都在十七八岁，曾祖父十七岁那年年底就做了父亲。曾祖母比曾祖父大三岁，是位心直口快的人，一家老小都怕她，典型的刀子嘴豆腐心。

随着孩子一个个出生，家庭的压力自然很大，但在老三老四的记忆里，这样的压力还不是最大的，大哥刘访渠的一封封要钱的书信才是他们最害怕的。

刘访渠因为书法和外出谋生，云游四方，广结朋友。因为应酬或者看上什么字画，需要一笔钱的时候，会给这两位弟弟写信，曾祖父和三哥接到信之后，哪怕再难，也会想方设法凑齐钱款给大哥汇过去。父亲在讲这件事说"有的时候实在是太难了，急得都要掉眼泪。"父亲是曾祖父最小的孙子，有好几年和曾祖父住在一起，老爷爷少不了要"讨古"给孙子听，因此这句话极有可能是老太太（曾祖——合肥方言）的原话。

不过，尽管再难，兄弟三人都坚持下来了，家业越来越大，大哥刘访渠书法上造诣日深，声名远播，其收藏日益丰富，眼界也愈发高了起来。

失望和厌倦

曾祖父在47岁时当选安徽省第二届议会会员，在那样一个军阀混战，政局极其不稳定的情况下，他为什么会站出来，谋这样一份差事？我感觉有些困惑。我想应该是作为一个地方或者行业的代表，被推选进入省议会的。我们家族缺乏跻身官场的谋略和身段，实实在在做一点事情还可以，做官好像都不行，这一点至今似乎都没有改变。

其实曾祖父在这之前已经很有一些影响力了，吕调元、聂宪藩等先后几任省长都聘他为高级顾问。尽管是虚职，但也挺能说明问题。

合肥大儒张子开先生十几年后说："顾余以性愚钝，不能谐世用，而君昆弟则各有应务才。君尤跌宕有风采，意必当有振发于时者，而遭值世变，无资自达，惟君一为省议员，颇以论说解轻民困，识者伟君才辩。"

曾祖父在做省议员期间做了什么经历了什么，我无从知晓，我了解到的唯一一事实就是：2年后的1923年，曹锟贿选，曾祖父辞去省议员。关于这件事，祖父刘炳卿在其《合肥沈用熙书法源流》中有关张琴襄先生的一段话可以作为佐证。当时张先生也是省议员，但他"性行高洁，当曹锟贿选时，每票酬价万元，先生……弃票不投，拂袖南旋，寓上海，鬻书自给。"曾祖父辞职应该也是这个原因，如果再具体一些去探寻他是因为愤怒，还是一种失望和厌倦？我想更多的还是后一种原因，否则，他不会紧接着拒绝去六安当市长，并且从此再也没有做过任何所谓的官。

除了"政体益变"，让曾祖父失望和厌倦，大哥刘访渠遽然离世，也深深地刺激了他。几十年的兄弟，一起打拼、一起发展，正当时机成熟，大家都可以在自己那块领域大展宏图，做一番事业的时候，突然领头羊不在了，这种打击可想而知。

想着自己也是五十岁的人了，儿子大多成家，几个孙子已经满地跑了，似乎也到了退隐的时候了。自然也不会无所事事完全闲下来，他会看书，或者下围棋，间或活动活动筋骨、练练武功，与一些好朋友间说说话聊聊天。

直到有一天，老东家（也是好朋友）李国松找到了他。

乱世田园梦

李氏家族在全省各地有大量土地和店面,李国松自然也不例外,据说他在无为含山有几万亩良田,并在运漕镇建了周转粮食用的仓房——聚兴仓,委托我曾祖父代为管理。

可以远离城市的喧嚣,有一份比较稳定的养家糊口的收入,运漕是含山县首镇,水路交通发达,市场繁荣,李国松是老交情,为人宽厚。曾祖父应该是在权衡许久之后,答应了这份差事。

对于我们这个家族来说,这是一次重大事件,曾祖父带着大儿子一家、二儿子一家和四儿子两口子,离开了合肥,离开住进去不久的小公馆,去了一个完全陌生的地方。

但是乱世之下,哪里会有什么世外桃源。里里外外,方方面面,都会有各种各样的人和事考验着曾祖父的应对能力。人生就是这样,需要面对的胆量,需要耐心,但仅仅不怕事是不行的,你得有智慧和谋略。而曾祖父正是这样一位有勇有谋的人,他不但很快进入角色,控制住局面,而且在镇上发挥越来越多的作用,担任运漕镇商会会长兼商团团长。有影响有能力且愿意出头露面为大家做点事情,五十多岁的曾祖父显然有一种义不容辞的信念支撑着,否则他完全可以守着一个仓房,做着自己的一份事情,其他人也不会上门找事的。

动荡之年,匪患不断,在含山县城面临危险的时候,曾祖父出手相救,县长感激不已,呈报当时的省长颁发给他一等奖章。

依旧是没有细节,依旧是需要想象,没有从戎经历曾祖父怎么做到的,让人很是好奇和激动。

无为县与运漕镇隔水相望,李家在无为也有着大量田产,曾祖父自然也会经常到对岸去,但是他又怎么会成为无为县地方自治董事会董事,民国无为县商会会长,让人很是不解。影响?声望?抑或又是某一件事情某一桩过人之举。

乱世田园梦,充满着坎坷惊险,以及涉险过关之后的那种欣欣然的回味和成就感。

散淡的日子

偏居运漕的曾祖父依然与外界保持着密切的联系,其中包括大哥刘访渠生前结交的一些文化名家。1926年他就曾在上海拜访了吴昌硕,并请吴昌硕和其儿子为自己及几个儿子篆刻了印章。可以想象,他们见面时一定会提到刘访渠,一定会夸赞他的书法,一定会为他的英年早逝而惋惜。而这对于曾祖父来说,既是一种安慰,也是一种刺激。

1932年9月20日(农历八月二十日子时),夫人费氏逝世,享年61岁,这对于58岁的曾祖父打击很大。四十多年的夫妻,一旦失去,那种伤痛,可以想象。后来有很多人劝他续弦,曾祖父始终没有答应。

祖父刘炳卿在两年之后,为曾祖父做了生日,请了不少本省的名流写诗作文,表示祝贺和安慰。这些诗文大多散佚,唯有张子开的一篇《平阶仁兄亲家六十晋一寿序》保留至今。

因为彼此是好朋友,刘访渠便将自己的年龄相当的侄女嫁给了张子开颇有些才情的五儿子张茂源,两个人由此成了亲家。这样的事情民国以及之前很普遍,似乎唯有如此,才会让彼此的友情更进一步。应该说这桩婚姻还是不错的,但很不幸的是,抗日战争爆发后,这位堂姑奶奶和我祖母等人由三河逃到运漕,几个人一起动手收拾房间后,晚上便带着各自的一家人住下了,不想第二天早晨便发现这位堂姑奶奶去世了。后来大家分析,或者是天热中暑加上奔波的辛累,酿成悲剧。失去了妻子的张姑爹爹后来的日子过得很不好,晚年时投河自尽。当然这是后话了。

张子开先生显然是用心在写这篇应酬性的文字,他在简略回顾了自己与刘访渠三兄弟的交情之后,对于三兄弟的才情和能力,给予很高的评价,尤其是对曾祖父的才干称赞不已:"即漕之人,赖君调划,数脱兵险,亦不以君去为可也。"

对于曾祖父在丧妻之后的精神状态,张子开先生写道:"而君忽有室人之戚,去秋以殡归。余一见亟慰问,而意气殊不减昔。惟言及世况,愀然不能为怀者。"没有因为家庭变故而灰心丧气,但是为国家的境况忧心不已,这完全符合曾祖父的个性。

惶恐复惶恐

1945年8月15日,日本投降,抗日战争结束。运漕镇老百姓看到的,是约一个班的日军自杀。终于太平了,71岁的曾祖父决定告老还乡,回到饱经磨难的合肥。

刘平阶的四个儿子,右起第一人为刘炳卿

经过一番周折,曾祖父带着一大家子住进位于小书院附近(今黄山饭店位置)的宅子。尽管几十年的打拼,曾祖父积攒下了一定的财富,老人家为四个儿子在合肥城的四边购置了四块土地,盘算着这些良田可以确保儿孙们衣食无忧。但是时代巨变击碎了的计划,让他感觉猝不及防。

家族与个人受到一些冲击是免不了的,老人为此惶惶不安,忧心忡忡。手里有大量的金圆券,他不敢拿出去兑换,而是让我的祖母放进锅灶里烧了,据说整整烧了两顿饭才烧完。这样的事情现在看来真是不可思议。

渐渐地,老人家发现,几乎所有的一切失去之后,他那些小一些的孙儿孙女们开始融入了新的社会,有了一些不错的工作,比如我的父亲,他最小的孙子,居然在市政府里得到重用,没有背景、没有关系,似乎也没有受到家庭的影响,这让老人家感到欣慰。

据母亲回忆,他和父亲结婚时,曾经在小书院的家住了半个月,然后就搬到市政府宿舍去了。不过她还会和父亲时常一道回去看看,给老人家买一些点心带过去。有一次遇着老人家要出门倒痰盂,便顺手接过去倒了,让老人家很是踌躇和高兴。

1953年,老人家虚80岁的时候,祖父特地为他做了八十大寿。合肥文化名流江伯瑟、陆养平、张茂源、蔡孟平、丁遂生等出席,并赋诗祝贺。江伯瑟在诗中写道:"养生在无欲,自寿非天保。从容臻大耋,坐中谁善祷。兵戈偃息迟,家国艰难早。当年几后辈,玄鬓各已缟。谁如矍铄人,不为外物扰。"

1957年反右扩大化后,风华正茂的父亲遭受囹圄之灾,第二年2月,父亲被送去下放劳动,母亲带着几个孩子被撵出市政府宿舍,租住在四古巷杨家的宅子里。曾祖父知道后,难过至痛哭。他最寄希望的孙子,竟然横遭迫害,遇此大难,让他总也不能释怀。

绝望了的曾祖父明显地憔悴瘦削了,他卧床不起,很少言语,唯有叹息,家中一片沉寂。

1958年7月3日,曾祖父去世,享年84岁。

曾祖父的三哥名泽序,字泮桥,比他大两岁,一直从事实业,1949年后还曾在我祖父的帮助下,拿到他在芜湖一家企业的股份。

老人家63岁时夫人去世后,一直和儿子住在一起。曾祖父忧愤而死的时候,他十分难受,但在那种形势下,老人家什么也不能说什么也不能做,只能暗暗地叹息。

1962年,父亲平反(其实是部分平反),恢复了工作。当父亲拿着补发的部分工资去见祖父母时,祖父母很是欣慰,当即在家请了一桌饭,已经90高龄的三曾祖父那一天正好也在,老人家既高兴又有一些难过:他的兄弟如果能看到这一天,该会舒心地笑了。

（2016.07）

"小公馆"的家

　　"小公馆"是我们家在合肥的第一个住宅,有关它的故事,我主要是听父亲说的,有些细节不是很清楚,有些东西又不能写得那么清楚。

　　我曾祖父在安庆做省议员以及在合肥城里做事的时候,曾祖母带着一大家子住在肥东(那时候应该叫东乡)二十埠乡下。早年老弟兄三人(老大刘访渠,老三刘泮桥,老四刘平阶,按照合肥人的说法,就是"三房头")盖了连在一起的三个宅子,院子相连,房子也相连。某天夜里,曾祖母住的屋子进了贼,一些金银细软被偷。

　　报官之后很快就破了案,窃贼是其他房的一个会些功夫的长工,而其幕后指使竟然是家族中的晚辈。这件事让曾祖母非常生气和伤心,决意离开那里,到城里安家。于是,曾祖父买下了位于五胜楼巷与撮造山巷交口西北角的小公馆。

　　小公馆原来是李鸿章大哥,清两广总督李瀚章二夫人的宅子,李家称李瀚章和大夫人住的位于东大街(现在的淮河路)的宅子为"大公馆",二夫人这边自然就是"小公馆"了。

　　大小公馆是李瀚章于清光绪二十几年建造的宅子,没住几年,即举家迁往京津,房子则交给其三弟李鹤章的孙子李国松居住,辛亥革命后,李国松也去了上海,他有几个儿子还住公馆里。

　　小公馆正门对着撮造山巷,后侧门向着东侧的五圣楼巷,和大公馆的后侧门正对着,这样的设计既方便了大小公馆上下人过往,也具有一定的隐秘性。用现代人的思维去看,想象空间很大,颇有些意思。

小公馆为小五间三进,即有3排房子,每排5间正房,每排房子之间有厢房和天井,第一排西头还有一个小院子,里面有一口井,加上后院的,小公馆一共有两口井。后院东边是厨房和下人住的地方,西边是厕所和柴房。

我们家应该是在1924年搬进小公馆的,父亲兄弟姐妹中,只有大伯、二伯是在肥东出生的,其他都出生于小公馆。

1923年曹锟贿选后,曾祖父辞去省议员在家赋闲一段时间后,应李国松的邀请,去含山县运漕镇为李家管理聚兴仓。四个儿子中,一、二、四房都跟随他老人家去了运漕。三房,也就是我的祖父母他们留在了合肥。守着小公馆,维持着家族的社交和一般事务。而且当时祖父正随其伯父刘访渠、名儒张子开学习文字和书法。

"小公馆"旧址

一大家子走了一大半,小公馆空了下来,成了家族里的客栈,只在曾祖父、大爹爹、二爹爹、四爹爹他们回合肥的时候,才又会热闹上一阵子。后来将前面两排租了出去,其中第二排住的是一位姓彭的先生。父亲6岁开知,启蒙老师就是彭先生。

据我父亲回忆,当时撮造山巷里真的有一座撮造山,位于小公馆的西隔壁,东西长约六七丈,南北宽约三丈多,高度大概不到三丈,平坡,东高西低,无峰。山为黄黑土质,有小石块,稀疏有几棵杂树,还有些杂草。父亲兄妹童年时与邻家小伙伴们经常跑上跑下玩耍,附近住户没有谁向此山倒垃圾。

那时候我们家和大公馆的李家时常走动,主要内容就是下围棋,李府"家"字辈的几位公子和我祖父都喜欢下围棋,不免要在一起切磋切磋,地点自然就在大小公馆。据我父亲回忆,李家的公子到小公馆来的少,多数时候是派下人过来请祖父过去。据我父亲回忆,他曾经跟随祖父去大公馆玩过,见识过李府的规模和排场,祖父他们一般是在书房下棋,结束后吃饭,然后回来。这样的程序我是熟悉的,因为父亲时常也会在业余时间里以棋会友,下完棋留餐,喝酒聊天,其乐融融。即便是在遭受厄运的时候,也时常会有这样的事,只不过吃的是一些粗茶淡饭。

1937年日本飞机轰炸合肥,年底,我们家举家出走逃难。离开的时候,祖母请了娘家的一个做瓦工的亲戚用砖把小公馆的大门给砌起来,谁知道后来回到家的时候,墙上给掏了一个大洞,包括家具、图书在内的所有财产被洗劫一空。后来听别人说,我们家的人刚刚离开,那个亲戚就把墙扒开,把家具等物件通通搬走了。当时还在后院埋了几百块洋钱,不知道是自然移位还是被人挖走了,也找不到了。

刘定九夫妇与子孙在改造后的撮造山巷合影

抗战胜利后,一大家子人1946年回到合肥,在小公馆住了1年多,1947年下半年,因为经济上的拮据,祖父将此房卖给当时安徽省政府教育厅做宿舍。第二年曾祖父用其中的一部分钱为三房的长孙(我大伯)举办了婚礼。

大伯的婚礼是新式的,举办地点是现在省政府对面的"社交服务处"，我见过大伯和大伯母（我们称"大大"Dàda）的结婚照，大伯西装革履，大大则是一袭白色的婚纱。

卖了小公馆后，我们家搬到了中山路121号（今天的长江路梨花巷东侧）的宅子。这处宅子是早年置下的，一直出租着，房客姓金，抗战胜利后我们家准备搬到那边去住的时候，金姓人家居然翻脸不认账，说房子是他们家的。没有办法，只好打官司。幸亏我们家还保存着房契，大伯又有公职在身，最终赢了官司，收回了房子。

（2019.07）

祖父的模样

一

　　我时常会想到一个问题,祖父到底是一个怎样的人?因为在我的印象中,祖父的形象总是模模糊糊的,似乎从来就没有清晰过。我想这可能与他老人家过早地离世有关系,也可能与这些年来家里人很少说起他有关系,岁月会使一个人渐渐长大,变得高大明朗,也会让一个人渐渐衰落,最终消失,然后还会继续,慢慢地抹去他在这个世界上的所有痕迹,似乎是为后来的人腾出位子。

　　其实我是应该见过我的祖父的,因为我们曾经有过两年多交汇的时间,当我出生的时候,我不能确定他是否会因为我父亲的境遇有一个明显的好转而感到欣慰,并由此对我寄托过更多一些的期望,但我知道他尽管是松了一口气,但依然还是心有余悸,面对让他手足无措的局面,他所能做的,就是在我的名字里用了一个"屏"字。

　　我的名字是祖父起的,这让我心里始终有一种特别的感觉。他曾经用一种慈爱的目光看过我吗?甚至他会伸出手抱我一下子吗?我不知道,也从来没有问过任何人。他生病的时候,他离开的时候,我会随着父母去看过他、送别他吗?我也不知道,也从来没有问过任何人。其实这样的事情是没有必要去问的,用现在的思维去想象过去的事情,很容易偏离和走形的。那样一个年代,一切都不会如我们现在一般,凌乱局促之间,是很难有正常的心境和情感的。

有的时候我会有一种恍惚,感觉自己有这样的记忆,他淡淡一笑的样子,他抱我的时候我用手去摸他胡子时,他那云开月朗般的面容。我不知道这些是我的想象,还是我记忆中仅存的碎片。至今我能确定的最早记忆是3岁的时候和父母兄长们去长江照相馆照全家福,而祖父已经在前一年去世了。

祖父应该是有很多照片的,但我见到的只有那张被称为遗像的大照片,小的时候它挂在祖母床边斗柜的上方,每次去看祖母,我都会仰起头看看他那张紧绷的脸,心里有着某种惧怕和疏远。老旧的面容和服饰,特别是两边垂下的胡子,让我有种不好的感觉,因为在我所能看到的图书画册里,祖父的形象一定不是劳动人民,要知道那时候"出身"一直是幼小的我心头的一块乌云,让我始终不能完全放松下来。直到1975年的某一天我在报纸上看到刚刚去世的国家代主席几乎和祖父同款的早年照片,心里才有一种释然。

中年时期的刘炳卿

现在我经常会在父母的家看到祖父的这张大照片,春节的时候还会很正式地在他和祖母同样大的照片前行礼。当我抬起头来凝视着他的面容,我时常会想,面前这位被我称之为"爹爹"的人,到底会有怎样的过去?他做过什么经历过什么?而他这些经历对于我们的家族来说,又意味着什么?

二

祖父刘绍信,字炳卿,出生于1899年12月1日。那个时候应该是刘访渠、刘泮桥、刘平阶三兄弟正在努力打拼，并且有了一定的成就。因此祖父的童年有一个比较好的生活环境，温饱之外，还有老师在家里教他兄弟们读书。10岁以后，开始跟随大伯父，著名书法家刘访渠学习书法。祖父早年在自己的简历中曾写道："初学梁亳州书，继习唐之欧李，北朝之张猛龙、郑文公等碑，后又临写汉之分隶，即晋唐以来名家行草诸书。至于用笔结字之法，除安吴艺舟双楫以外，亦尝研求历来书家之论著，故于书学源流，稍知梗概。惟功力不专，未能深造，然自先伯父教授笔法以来，作字用北朝笔，参唐贤势，所谓学书宗安吴法也。"

由此可以看出，祖父在其大伯父刘访渠那里受到专业系统的培养，打下了很好的基础。据说由于祖父在6个亲堂弟兄中文章和书法都比较优秀，颇受刘访渠的喜爱，并在祖父20岁时让他拜合肥大儒张子开为师。

张子开（1863—1938），名文运，又名运，字子开，书室名为"商旧学斋"。光绪十四年（1888）举人，曾被任命为桐城县教谕，1907年受名誉堂长李经方之聘，出任庐州中学堂学监，后设馆于德胜门大街本宅，授徒讲学。

祖父曾回忆道："张先生以经学文章著闻于时，兼工书法，精鉴赏。炳卿从学既久，先生亦殷殷教导。平时读书，喜阅论、孟、史记、唐宋八大家文，及司马资治通鉴。"

老朋友之子，基础又好，张子开先生自然也是格外偏爱一些。大曾祖父刘访渠始终关注我祖父的学习，不时会将一些自己认为有价值的书法专著送给我祖父，并在《艺舟双楫·论书》《梁闻山先生评书帖》等书上将沈石翁的朱笔圈点和评语移录上去，以便我祖父能够更为便利地理解其精髓，可见其用心之良苦。1924年，当曾祖父带着全家去运漕镇为李家管理聚兴仓时，唯独将祖父这一房留在合肥，虽说是为了照看宅子，但最主要的还是为了让祖父得以继续跟随张子开先生学习。

祖父对于他的大伯父刘访渠也是十分的敬重,1913年初刘访渠去世后,祖父将刘访渠赠与他的一些图书加装封面,请张子开先生题跋,作为永久珍藏。后来又撰写《先伯父访渠公事略》,并请当时的文化名家为刘访渠撰写文章。祖父在《先伯父访渠公事略》一文中,较为全面地回顾了刘访渠的一生,对于其为人处世、艺术成就给予高度评价,是研究刘访渠不可多得的第一手资料,对于合肥对外文化交流和书法艺术史的研究也具有极高的价值。

祖父跟随张子开先生学习多年,结识了一批年龄相仿的文化名流,尽管时局持续动荡,但他们始终念念不忘老师的恩德,交流和鉴赏自己收藏的老师作品和教学笔记,其用心之诚,令人感动。

三

祖父和祖母居然是指腹为婚,着实让我感觉诧异。

祖母的爹爹(祖父)姚天霖曾随唐定奎赴台抗击日军,是清末甘肃提督(从一品),诰授建威将军;父亲姚春魁早年长期驻守云南,曾多次抗击侵入片马地区的英军,清政府授予他中宪大夫(正四品),晋三品衔,1912年任云南怒俅边防总办,1914年任广东省琼崖道尹兼全省营务处会办。

1900年各地骚乱,大吏令地方办理保甲自卫,合肥东北乡公举蒯汉卿为总团练,正好在家乡的姚春魁和刘访渠等同任分团,两人成为好朋友。那时候我祖父刚出生不久,姚春魁太太有孕在身,两人商定,如果姚夫人生的是个女孩,两家就结为亲家。当年年底(农历),我祖母出生,这桩婚姻就这么定了下来。

祖母大约在18岁左右嫁到刘家,婚后,祖父曾跟随其老丈人姚春魁赴浙江杭州就任。据说姚春奎为官清廉,做了几十年的官家境依然不富裕,所以给了他一个比较"挣钱"的相当于省财政厅厅长的官,但是他不是那样的人,到哪里都发不了财。

祖父在杭州及上海的一年多时间里,估计是因为有老丈人这层关系,有机会看到许多"前代书籍碑帖以及明贤字画",文字和书法方面的水准和眼界自然也得到提高,进而更加痴迷于此。但凡文人雅士,多为鉴赏家和收藏家,刘访渠如此,张子开如此,祖父自然也不例外,珍贵名人字画碑帖,上等文房四宝,宝贝一样收藏着,再苦再难也不舍得拿它们去换钱。

应该说,1938年之前,祖父的日子一直是比较纯粹、悠闲的,读读书,写写字,下下围棋,时而和一帮文友闲谈雅聚,偶尔也会做些教人读书写字的事。父亲清楚的记得,祖父时常会带着幼小的他从五圣楼巷到李府去下围棋,那时候李府后院已经卖给了曹家,前面的宅子里还有李家人住着。祖父他们在李家的书房里下棋,吃饭则在客厅。兴尽而归的时候,往往很晚了,一轮明月照着父子俩从东大街经五圣楼巷,回到撮造山巷的家。

那时候的祖父,既无衣食之忧,也没有什么事情需要出头露面。通常都是这样,一个家里,父亲太强大了,方方面面都是他出面应对,孩子们自然就要弱一些,尽管祖父是几兄弟中学识和能力最强的,也难免如此。

卢沟桥事变爆发后,合肥岌岌可危,祖父随着跑反的人流到了三河,开始了一种漂泊不定的生活。祖父认为,大难之时,一家人待在一个地方是危险的,由此我的父亲和伯父们被分别安置在各地,为此遭受了不少苦,所幸最后一家人终于得以团圆。

在那样一个特定的环境下,各种势力交错,像祖父这样一介书生,很难找准坐标和方向,幸亏有江湖高人指点,方才逢凶化吉,确保全家老小平安无事。祖父后来每每说到这些经历的时候,依然心有余悸,性格也日趋谨慎。

1945年抗战胜利后,祖父和家族所有人随曾祖父回到合肥,随着曾祖父年逾古稀,已届中年的祖父更多了些责任和担当,教书、卖字、经营小砻坊,和祖母一起操心着7个孩子读书和成家。

由于性格的原因，祖父没有能够谋一份比较固定的工作，也不愿意在社会上和文化界过于出头露面，悠闲而低调的生活。

当然，离开具体的时代，随意臧否前人显然是不科学不理性的，每个人的人生轨迹，有着很多的制约因素，而时代的变化，会将一个人的命运在转瞬之间来一个天翻地覆的改变。

四

1949年后，祖父自然是经历了一个很大的波折，来自亲戚朋友及孩子们的种种信息，无疑让他承受了巨大的压力，所幸孩子们也都渐渐有了一份稳定的工作，而且似乎并没有受到家庭历史的影响，这让祖父感到轻松许多。的确，一个人到了一定的年岁，更为看中的，是孩子们的状态和前程，对于自己则不会过于重视和纠结。

他逐渐地和一些文友恢复了联系，不时还会小聚一下，聊一聊文字和书法。据说在1949年前的合肥，大家普遍认为文章写得最好的是陈少谦，诗写得最好的是江伯瑟，字写得最好的是我祖父刘炳卿。因此三个人经常会有合作。

1953年前后，祖父邀请一些文人为曾祖父和三曾祖父写了一些祝寿诗，为我们家族留下一批难得的资料，也为那一代文人留下一些墨迹和作品。

但是祖父显然是过于书生气了，对于政治太不敏感，又重感情，回不住面子，在经历一些挫折和打击之后，祖父变得更加谨慎，社交范围越来越小。除了日常临帖写字之外，他还会为街道写一些标语、通告，街道里的人找他写字的时候还算客气，一口一个"刘三爷"。祖父从来都是极认真地做这件事的，每次都会先研好墨，然后大桌上铺上纸，然后开始写。如果有孙子或者孙女在跟前，那么正好抓差让他们研墨，如果没有，那么写字的时候是一定要找一个小孩子帮他捺（合肥人读ne，按着的意思）纸的。家里几个大一些的堂哥堂姐似乎都帮祖父捺过纸，个子高的就站着捺，个子矮的只能跪在椅子上捺。

据说祖父写字的时候是很用力的，拉开架势，屏住呼吸，一气呵成。祖父平时不苟言笑，写字的时候更是板着个脸，让孙儿孙女们很是紧张害怕，帮爹爹捺纸，成为一件惊险刺激的事，许多年之后想起来，依然是记忆犹新，感叹不已。

今年清明和两位哥哥去东乡给祖父母扫墓，回来的路上二哥说了不少关于祖父的记忆。

二哥生于1956年，祖父去世的时候他已经8岁，应该是能记得一些事情的。

在二哥的印象中，祖父个头很高，清瘦。平常穿着一件泛白的蓝平布大褂，他每周去四牌楼省政协学习的时候，都会到我家歇一会儿，那时候我家住在小马场巷。曾经以为祖父是省文史馆官员，但据父亲回忆，应该是没有成为正式的馆员，但又一直参加文史馆的活动，比如参加每周一次的学习，比如按照要求撰写有关文章等。

通过家里唯一一张祖父照片，感觉他老人家似乎有些严肃，但在二哥的眼里，祖父对于孙子是极和蔼耐心的。三哥那时候小，见祖父下巴上有一撮山羊胡子，便好奇地伸手去拽，弄得祖父有些夸张疼得直叫。我想那一刻的祖父应该是极开心的，在心情阴郁之时，开心一笑是多么难得。

二哥说，他几乎每次去祖父祖母家，祖父都是在写字。祖父写字的时候是极用力的，有时候写着写着热了冒汗了，便会脱了外面的衣服。冬天时，祖父通常会在旧皮袄里面穿一件祖母为他做的夹袄。我问二哥，你可帮祖父捺过纸，二哥说捺过。我想，估计实在是找不到大一点的孩子，祖父才会让他这个只有几岁的孙子帮着捺纸。

关于祖父的武功，有一件事二哥记忆深刻。一次祖父在二伯伯家，喝了一点酒，高兴，架不住两个孙子央求起哄，用牙齿咬着提梁，就将一桶水提了起来。

单日习文,双日习武,无论文武,祖父都是很有一些真功夫的。

五

1960年前后,祖父遭遇到最大的困境是吃不饱饭,定量供应的粮食里包括山芋干或者山芋粉,根本不够吃,肚子里又没有油水,那滋味可不好受。当时父亲兄弟4人孩子多,基本上也都是很困难,幸亏还有大姑妈接济一些,另外一位姑妈把厂里食堂不要的冬瓜瓤子拿回家把冬瓜子洗净晒干送给祖父,祖父把它们磨成粉,每天晚上冲着喝。

据二伯家荃姐回忆,有一天傍晚他们家正在吃山芋粉加豆饼糊,远远看见祖父拄着根拐杖来了。祖父是吃过冬瓜子糊以后到马路对面二儿子家看看的,当他看到荃姐碗里的山芋豆饼糊时,犹豫了一下说:"小荃子,可能让我喝两口?"荃姐就把碗给了他,祖父接过碗,稍稍地喝了两口。说到这儿,荃姐流泪了:"别说两口,给他两碗他也能喝掉啊。"

大哥印象最深的,是我们家在四古巷住的时候,那时候祖母在我们家帮着照料孩子,祖父从双岗菜市买了一大把山芋叶子,老远就喊:老奶奶啊,可要一点?祖母说不要了,你带回去吃吧。可见为吃饱肚子,祖父也是想尽了办法。

祖父也喜欢喝点酒的,但在困难时期这显然是不可能的,实在是想喝一口的时候,老人家就倒点醋,当作酒慢慢喝下去。

就这样,祖父慢慢度过了荒年,活了下来。

其实,在祖父心里,还有一种感觉比饥饿更难受,那就是孤独和失落。

1964年在与文友沈曾迈的通信里,他说十年之前还有朋友之子和家族里的侄子跟着他学习书法,"粗知起落,转换写时用力亦能上纸。"后来因为忙于生计，"皆辍而不学"，现在除了和仅有的一位老朋友不时见见面，聊聊天，回答他一些书法上的问题，做一些指导，"而后辈无人从弟学书矣"。

这一年，他还为人写了一幅字，内容是唐朝诗人陆龟蒙的《自遣诗三十首》中的两首。祖父就是这样，他可以卖自己的字，但绝对不舍得卖他当作宝贝留着的那些碑帖、书籍和书法作品，即便是没有饭吃，即便是自己身患重病，也是如此。如果他老人家知道在他去世后的"文革"期间，他收藏的书法大家董其昌、梁闻山、沈石翁等人的字轴，他的伯父刘访渠、老师张子开的书法作品，还有那些珍贵的碑帖和线装书，他平常舍不得用的好纸好墨好笔，以及一批他自己最满意的书法作品和文章，都被"破四旧"了，他该会怎样的痛心疾首。

7月，祖父在给沈曾迈的信中写道："上月初弟胸部右边疼痛，颇为严重，初请西医诊视，检查各部，均属正常，但服药无效。嗣请安徽中医学院诊视服药六剂，近来已好十之七八，惟饮食与精神，未能复原。"实际上，中医只是暂时缓解了症状，致命的疾病正在一步步危害着祖父的身体，以致最后，老人家无法进食，只能用一把紫砂壶喂点水。

1964年11月18日（农历十月十五日子时），祖父去世，享年65岁。早在1961年1月的时候，感觉特别不好的祖父为预防不测，和祖母一道，去照相馆各自拍了一张一寸照片，祖父去世时，这张照片被用作遗像。

这么些年来，我见到的祖父就是遗像中样子：清瘦，凛然，忧郁，和父母兄长以及姐姐们描述的完全不一样。

方长大个，挺拔，面相英俊，通天鼻，特别干净，做事一丝不苟，平时不苟言笑，写字的时候屏住呼吸，一气呵成，动作潇洒自如——这，才是我祖父的模样！

（2019.07）

路远不能晤叙

——祖父刘炳卿与沈曾迈

"独有不若分存较为长远"

祖父刘炳卿去世得早,所存作品笔墨以及收藏的字画均在"文革"中散失,现在仅有的一幅作品和些许零星纸片均为父亲冒险保留下来的,其中较为完整的有祖父写给沈竹群的7封书信的底稿。

祖父在书信里一直称呼对方为"竹群",父亲告诉我这位竹群先生姓沈,是合肥籍的书法家,具体生平事迹他也不是很清楚。我在各种资料书里和网上查了许久,没有结果。后来父亲将书信底稿原件转交给我时,我意外地发现中间夹了一封沈先生的来信,结尾的署名是沈曾迈,在还没有确定第三个字是否"迈"的情况下,运用模糊查询,终于查出沈曾迈的相关身份信息。

沈曾迈(1900—1969),字斐庐,安徽合肥人。从张子开先生学书,以书名。年轻时活动于上海,再师从吴昌硕(有关门弟子一说)。曾任北京大学教授。曾著《记吴缶庐论书琐闻》发表在《学风》1937年第七卷第四期上。郑逸梅先生在《艺林散叶》中记载:"沈斐庐从张子开文运学书,子开仅工真行,斐庐于四体书无所不工。吴昌硕见斐庐篆书,大为称赏,且示其子东迈曰:'此合肥沈斐庐所书也,年未三十,而下笔遒劲若此,异日所造,何可量耶!'昌硕曾作一诗赠斐庐。"

简介里虽然没有提及"沈竹群"三个字,但是有沈先生来信以及祖父回信相关内容的相互印证,可以确定,沈竹群就是沈曾迈。于是我按照这条线索继续查找,又在一些文章里找到沈先生更为详细的生平资料。

沈家在安徽合肥是一个大族,其《沈氏家传》由陈寅恪先生的父亲陈三立先生题写封面。沈曾迈喜欢文史,学问非常好,擅书法,20世纪三四十年代曾在上海办过书法展,有很多人去捧场,作品也全部售罄。他在石鼓文等方面都曾下过很大工夫,也有人把他写的篆字当作吴昌硕的拿到市面上卖,因为可以乱真。后来他在天津靠教书谋生,办私塾。很多名门的子弟都曾跟他学习,比如李鸿章之子李经迈就请他到家里做家庭教师。1957年沈曾迈到南京江南水泥厂做厂长秘书,就很少写字了,家里经济状况不是很好。

查到这儿,我觉得就可以接上了,因为沈先生和我祖父通信的主要内容,是请我祖父帮他出卖他所收藏的名人书法作品。

沈先生想在合肥出售的大多是合肥籍书法名家的作品,其中以大书法家沈石翁的作品居多。但是由于大环境的变化,即便是沈石翁的作品也不容易找到买家。祖父在信中说:"近来爱好书法者固少,即有好者亦多喜赵董(赵孟𫖯、董其昌)一路的字。合肥市外省人亦甚多,如石翁一类字,亦无有要者,又现有中国书法简论一书,弟曾从熟人处借来一看,结论处连安吴书法亦极不谓然,可见当今书法一大变也。"沈先生自然也是很清楚这一点:"安吴书很久不为世重,遑论石翁。现欲脱手,只家乡有一线希望。"

在这种情况下,祖父和老朋友温作屏一起想办法,逐渐卖出去一部分。尽管沈先生说"一切伸缩,听凭兄与作屏兄作主"。但祖父他们还是尽量想为朋友卖个好价钱。不仅仅是因为这些藏品值(或者远远超过)这个价,而且它还是老朋友维持家用的救急钱。有一回竟然还多卖了两元钱,两个人为此"同为欣然"。

老朋友之间那份真情让人很是感动。

对于两位老朋友的帮助,沈先生自然很感激,总是想赠送一些东西表示感谢,但是祖父似乎很少接受,书信里仅有一次记录,是在一批藏品卖到最后几件时,沈先生提出将这几件除赠介屏课字一张,全部赠与我祖父,祖父谢绝了:"多年知交,原无不可,惟弟无安慎收藏之方,决意却而不受。"不过祖父又说:"弟亦援照介屏之例,留藏石翁课字真书一页,以作规矩准绳,永为法守。余件待有机会脱手后,再为函报,遵示暂不寄回。"老朋友之间那种小心,唯恐对方误解而受到(哪怕些微的)伤害,着实打动人。

我父亲1963年春天到南京出差,拜见过沈曾迈先生。据父亲回忆,老先生很儒雅,老夫妻俩还特地请父亲到外面吃了南京小吃。那一次父亲带回来一包沈先生的藏品,无意中做了一回义务快递员。

沈先生在出让自己的藏品之前一定是想了许久,因此也就彻底放下了,在写给父亲的书信里,他说:"若有真好者而又无力,即举以相赠,弟绝不吝惜,原则是'独有不若分存较为长远'。"

想来,这是一种境界,也是一种无奈。

"而后辈无人从弟学书矣"

在现存下来的祖父刘炳卿写给沈曾迈先生的7封信里,最早的一封写于1963年3月12日,最后一封写于1964年7月8日,4个多月后,11月18日,祖父便去世了。

祖父去世前最后几年,可谓贫病交加,但他在给沈曾迈的信里,一点也没有透露,其实祖父那时候应该也是收藏了一些书法精品的,只不过舍不得如沈先生一般拿出来换钱,即便是疾病缠身,也是如此。

其实让祖父和沈先生忧虑的不仅仅是生活的窘迫,没有人愿意(或者有条件)潜心书法艺术,才是他们最为难过的。

十年以前,有宣与同(笠渔兄之子)及族侄家金,从弟学书,粗知起落,转换写时用力亦能上纸。嗣因忙于职业,遂皆辍而不学。现在同辈中有温君元白,不时见面,甚喜谈问书法,而后辈无人从弟学书矣。

没有人愿意学书法,很少有人在一起切磋书法技艺,交流书法心得,祖父感觉很是失落和寂寞。

沈先生又何尝不是如此。遭受不公正对待,被贬至工厂做厂长秘书,能够正常交流的人都不会太多,更不用说谈论书法了。

幸亏还有书信可以交流,也幸亏有这些书信,让祖父有关书法的一些心得和见解得以留存下来。

祖父在1963年农历九月间,托人带了两幅自己的书法作品给沈曾迈,请他给看看。沈先生很快寄回一幅,并"加注语于纸后"。祖父12月31日写给沈曾迈的信里,对于沈先生"郑重其事"便是感谢,同时谈了自己练习书法的经历和感受:

吾兄工书既久,鉴赏又广,对于鄙书用意来源,自能洞见无隐,弟于书法,好之虽属有年,而至今作字,尚不能免于恶目。往年临习碑版。意在追求骨力,其中神韵,既无所得,徒失板滞,又体势多不叫应,拙劣不堪,欲求大气流行自在满足而不可得。近年来,爱好东坡洞庭春色、中山松醪两赋,以及香光临鲁公赠裴将军诗,惜抱书苏诗两首(安庆印本),思有以改正拘拙之弊,但限于资质凡庸,胸襟狭隘,以致不能脱去陋习,徒羡先贤翰墨雄肆宕逸,而丝毫不能应手,无如之何。此是现在与往昔之趋向略有不同如此,颇欲就正吾兄。

其实祖父真的很想与沈曾迈这样"工书既久,鉴赏又广"的高人探讨一些书法上的问题,但是不在一个城市,"不能详细面谈",只能借助于书信。

不久，祖父收到沈曾迈1964年1月5日写的信，沈先生也随信寄了两幅他的书法作品，祖父也在回信里给予评价：

一月五日手书奉悉，附来法书两份，展玩再三，益见吾兄年来作字，诚然与前大不相同，酝酿功深，趣味盎然。兹就鄙见所及，分别评议，未审当否？吾兄得毋笑我以识者自居耶。

书盉老百花卷稿，参用名贤笔意甚多。圆厚腴健，谨严中而有开张之势，尤以联语十六字，饶有和雅风韵，篆意草情，合而有之。安吴谓书道习法易，而创体难。吾辈传习包、沈书法，皆不能免于墨守迹象。兄之书势能自成，杼轴有创造之妙，至于篆书四字，起处用逆甚得势，收处行锋提笔，间有嫌快处，转折皆是。如能蓄势微提，折锋时微慢，当更竣利。以体而言，"壮"字好，以笔而言，"益"字好，"老"字微有涨墨，"当"字左右两大笔亦能得势，内中"田"字笔笔酣畅为最好。总之，四字用笔有奋搏之势，大有盉老笔意。比之于昔年为先伯父（刘访渠）书写志盖，老练道厚多矣。又兄所题"香光尺牍"篆书四字，亦甚好。乡先辈见白（靳理纯）先生篆书，其结字与用笔，尚不能有如此讲究。此皆由衷之言，并非溢美之词。

通过上面的文字可以看出，祖父的评价是专业、中肯的，只可惜沈先生的字不在了，如果可以结合作品看祖父的评价，一定会有更多的收获。

另外这封信还透露出一个信息：伯曾祖父刘访渠的"志盖"上的文字是沈先生写的。作为一个晚辈和学生，能够为刘访渠这样的大书法家墓志盖书写文字，可见大家（包括张子开先生）对于沈曾迈的书法水平是极为认可的。

祖父还曾将他新写的《合肥沈书源流》（成稿名：《合肥沈用熙书法源流》）寄给沈先生看，沈先生在回信里给予肯定和鼓励。他认为"论安吴作书要旨，极具卓见，非于此道有湛深研究者，未易道此"。

"叙石翁、访渠、琴襄、子开诸先生学书过程,至为详悉精切,师承关系,解剖析更精。其余各子,亦能不虚美,不曲护,可谓有峰有削"。"总之大著阐幽抉微,表彰乡贤,功自匪浅,读后不胜钦佩至极"!

与此同时,沈先生就书法见解和文字细节,提出自己几点意见,而祖父也大多予以采纳。

沈先生和我祖父均为合肥大儒张子开先生的学生,对于张先生的作品及生平细节自然很是关注,书信里不时会相互通报一些信息。比如祖父向沈先生打听张子开先生为他父亲沈康樵书写家传的时间,沈先生向我祖父打听张子开先生去世的具体时间和岁数。后来沈先生又打听是否能找到张子开先生的题跋,祖父为这件事特地去找了张先生的女婿程芷卿,当他看到程芷卿正在抄录张子开的文稿及题跋联语,而这些文稿是程芷卿"近日寻得",很高兴,立刻写信给沈先生:"弟因与芷兄谈及吾兄早欲抄辑开师题跋,伊亦甚为赞同,惟原稿中多有删改串乙处,抄时颇为费神。现已抄出一部分,石孝谦兄正在校对,拟再请丁四爷审定。一俟洽老鉴定之后,弟拟将题跋一类抄寄吾兄,先专此奉闻。"过了一段时间,估计是沈先生有些急不可待了,祖父又在信中说明情况:"开师题跋,现在洽老尚未看完,今与芷卿兄商定,俟洽老看完后,由芷卿代兄抄录一份(约有四五十条),芷卿为珍重计,不愿将其所录之稿本远寄外埠,一俟芷卿抄后,弟当寄与吾兄。"

张子开先生这些文稿最后应该是整理出来了,但因为我祖父去世,不知道沈先生后来是否看到了这些文稿。当然,最为重要的是,张子开先生的这些文稿的最后下落,如果今天它们还在这座城市的某个地方,那该多好。

"过贵务请不买"

在根据祖父书信草稿核对他写给沈曾迈的书信时,我发现祖父

1963年12月31日书信草稿的最后，原来还有一段内容，后来没有抄写，但是做了一些修改，同时注明"此下以后再专函请托"。这段文字原文如下：

再者弟有长孙男政昭今年虚岁十七，读书之暇自动学镌图章爱好不倦，惟合肥市买不到铁笔，据介屏云，从前南京夫子庙附近有卖旧铁笔，请兄暇时代为留意。如遇有一支亦请照买，倘有大小两支或三支更好，但是买价只能在二三元之谱，过贵务请不买。买笔价款，俟来信后，由邮寄来。恃在知交，用敢烦渎。

政昭哥是我二伯家的长子，在我们堂兄弟里也是老大，他天资聪颖，无论是书法还是篆刻，都颇有造诣，尽管命运坎坷，但无论做什么，都能够出类拔萃。可惜天不假年，英年早逝。

当祖父知道政昭哥爱好篆刻时，内心自然是欣慰的，在那样一个看不到未来的时刻，他老人家最大的愿望一定是子孙们能够有真才实学，有一个好前程。更何况篆刻和书法联系紧密，长孙愿意"读书之暇自动学镌图章爱好不倦"，老人家肯定是鼓励和支持的，但祖父能够做到的，就是托外地的朋友帮着买一两支"旧铁笔"。

文中"介屏"就是著名书法家葛介屏先生，他同时也是金石名家，他当时向我祖父介绍在北京、上海、杭州和南京四个城市都可以买到旧铁笔，祖父选择南京主要是因为好友沈曾迈先生在那里，因此才会"恃在知交，用敢烦渎"。

估计是感觉在价格上说得不太清楚且限制过紧，引发对方歧义，同时也为顾及自己的面子做一点解释，祖父将文中画线部分做了一些修改：如遇有一支亦请照（？）买，倘有大小两支或三支更好，但是政昭初学，造诣尚浅，目前用不着成套工具。而买价只能按数元之谱，过贵务请不买。

后来（或许就是"专函"抄写时），祖父又用铅笔做了修改，这段

文字最后变成以下这样:

再者弟有长孙男政昭今年虚岁十七,读书之暇自动学镌图章爱好不倦,惟合肥市买不到铁笔,据介屏云,从前南京夫子庙附近有卖旧铁笔,请兄暇时代为留意。如遇有中等铁笔一支或大小各一支即能满足日常需要。政昭初学,造诣尚浅,目前用不着成套工具。买价在数元之内请作主代买,过贵务请不买。买笔价款,俟来信后,由邮寄来。恃在知交,用敢烦渎。

如此反复修改,一是因为祖父的性格和习惯:认真,讲究。其次也是更主要的原因,是手头没有多少钱,既想为长孙买些治印的工具,又实在拿不出太多的钱,同时还要顾及面子,因而改来改去,纠结不已。

仔细比对修改前后的画线部分,会发现只有一句话没有改动:"过贵务请不买"。坚定明确的背后,是潦倒落魄的祖父的百般无奈。

我年轻时刻过钢板,也曾经试着学篆刻,甚至还买过一把刻刀。但我只知道刻钢板的笔叫铁笔,不知道刻印章的刻刀也叫铁笔,更不知道祖父曾经为一把旧刻刀专门写信给南京的沈曾迈先生。如今几位当事人均已过世,祖父的信到底发了没有?铁笔到底买到了没有?都无从知晓。假如祖父犹豫再三还是写信托了沈曾迈先生,那么沈先生一定会不辞辛苦,帮着寻找,然后寄过来的。我可以想象,年轻的政昭哥拿到铁笔时该是多么的开心!而祖父,或许会将着他的山羊胡子,微微地笑着。

(2019.08)

"字干"

　　首先要解释一下"字干"。至少50年前，那些做父母或者祖父母的，会将一些比较厚的纸（如果是硬纸板自然最好）裁成大小7cm左右，然后用毛笔在上面写上一个汉字，让幼儿们去认。因此简单一点说，"字干"就是现在的识字卡片，不过它没有现在的识字卡片好看耐用。如果实在要说它有什么优点的话，那就是成本低，制作简单，可以按照需要随时添加。

　　还有一个问题就是"字干"是哪两个字，准确讲就是 gān 字怎么写？我家那位认为 gān 就是"干"字。我查了一些，似乎有些道理。

刘炳卿所书"字干"

"字干"是祖父写的,从字迹和纸质看,应该不是一次写成。至于是为谁写的,不是太清楚,但到我记事时,似乎还用过。

有一种说法,一个人的收藏习性往往是天生的,我觉得有点道理,因为我就是一个天然的收藏爱好者。几岁的时候,家里能烧能撕能扔的图书字画基本上都处理了,唯独这一沓"字干"还在,于是它就成为我的宝贝,收藏在房间某个角落里。后来我有了一个床头柜,它们才结束居无定所的状态。

那时候我知道这些"字干"是我祖父写的,而他老人家已经不在了。其他更深层的意义我不会去想,也想不到。也就是在最近,我才认认真真地思考了一下它的价值。首先它是那个时代特有的东西,具有一定的史料价值;第二它是作为书法家的祖父亲笔所写,具有一定的艺术价值;第三它居然是我们家目前可见祖父4.5cm大小书法作品中字数最多的,因为它一共有160张,而祖父仅存的一幅正式书法作品不过30多字。

我收起了它们,用一张纸把它们一个字一个字抄下来,然后再用一张大点的纸把它们包起来,放到柜子最深处。

一转眼,又是几十年过去了,当我忽然想起它们的时候,心里总会有一种慌乱:我担心失去它们。

当它们终于被找出来时,我决定不会再让它们距离我太远,因为这些不但是祖父写的字,而且在它们里面一定还有祖父的气息和期望,它们应该被好好地保存。

现在我自然不会再拿这些"字干"认字,但我还会时常翻看它们,在它们那里,我真真切切地感受到汉字之美,像一种工艺品,那样的和谐耐看。如果说有一天我会拿起毛笔学习书法的话,那一定是祖父的书法作品潜移默化熏陶的结果。

因为整理祖父有关书法的论文,我接触到一些书法理论和见解,心里很多困惑有了答案,一些直觉和判断得到肯定和鼓励。社会上那些所谓书法家装腔作势、花里胡哨的乱象之下,是一颗颗功利浮躁的心,可怜又可悲。

祖父曾经用毛笔抄写了一些与家族有关的文字,当我将它们录入到电脑里的时候,遇到的最大困难是不认识的字太多了,生僻字、异体字、繁体字,以及书法上一些约定俗成的写法,狠狠地打击着我的自信心。我利用一切办法在字典里和网上查找,甚至翻出30多年前购买的《书法字典》,再通过十分难得的父亲整理抄写的一部分文稿进行比对,大部分难题终于被逐渐攻克。当我面对越来越少的空框时,脑海里会有一种比较古怪的想法:这难道不也是一种"识字"吗? 而它们的书写者依然还是祖父。

于是我明白一个道理:学习,的确是一辈子的事。你哪一天放弃了学习,你也就是放弃了自己。那么多不认识的字,不懂得知识,再也没有可能和你产生联系,给你带去自信和乐趣。

这些"字干"我会好好保存,并时常翻看,因为在这些已经很熟悉的单字后面,还有一些东西,等待我们去寻找和感受。

人生,真的不可以有太多的自满和怡然自得。

(2019.08)

明白的人生

　　人生在世，大多是糊里糊涂地过完一辈子，尽管有些人貌似精明，但总体看来，还是糊涂的，因此，活得明白可是一件了不得的事情，不是你要强、勉强就可以做到的。之所以想到这个问题，是因为这几天总是想着祖母，想和她在一起的日子，想她坎坷艰难的一生。

刘炳卿夫人

　　其实祖母算得上是出身名门，她的祖父姚天霖（1831—？），戎马一生，屡建战功，1874年随唐定奎赴台抗击日军，是清末甘肃提督（从一品），诰授建威将军；父亲姚春魁（1861—1946），字筱村，早年长期驻守云南，曾多次抗击侵入片马地区的英军，清政府授予他中宪大夫（正四品），晋三品衔，1912年任云南怒俅边防总办。1914年任广东省琼崖道尹兼全省营务处会办。

　　姚春魁大伯没有儿子，他兼祧两房，同一天娶了两房太太，她们俩以妯娌相称。祖母是家里最小的女儿，自然很受宠爱，得以免遭缠足的痛苦。不过拥有一双38码的大脚也是一件颇麻烦的事情，找婆家都是问题。不过祖母的婚姻在她还没出生时就已经定下来，是所谓的指腹为婚，她的父亲姚春魁和我祖父的伯父刘访渠是好朋友。长大以后，祖母嫁到刘家，居然也没有因为一双大脚受到歧视和嘲讽,因为她的婆婆(我的曾祖母)也是大脚。不过在出门的时候,祖母要穿一条几乎拖地的长裙,否则会招惹人笑话的。

祖母13岁时,曾和全家人一道随父亲去海南岛就任首任琼崖道尹。一家人坐轿子过去,路上走了一个多月。似乎到达海南岛没有两年的时间,她的祖母去世,一家人回来奔丧,路上又是一个多月。

其实我很好奇祖母早年这段经历的,她走过哪些地方,见到过什么风景,遇到过哪些人,到了海南岛之后,住在什么地方,她会经常去广州吗?那时的海南岛和广州又是怎样的一种模样,好多的问题,当时没想到问,现在则没有人可问,真是件很遗憾的事。

但是经历和见识,的确可以改变和塑造一个人的外形和潜质。所谓见过大的风浪,自然不会在一些小波折前惊慌;见识过富贵大气,自然不会在日常得失上纠结计较。

家庭的关系与早年的经历,让祖母有一种从容镇定的气质,任何经历和磨难面前,不会慌张和退却。

祖母出嫁时场面很大,据说几里路的距离,这边嫁妆抬盒已经进门,那边娘家还有抬盒没有出门。嫁妆里除了上好的家具,还有一些从广东等地带回来的皮箱等,这些东西在当时比较新奇现在看来依然很上档次。

但是这些好东西在之后的岁月里渐渐散失掉了,特别是在抗日战争时,一家人跑反走了,家里被歹人洗劫一空。祖母说到这些时,微微地叹了口气:"都是身外之物。"

跑反的时候,祖母刚生完孩子,祖父带了几个大孩子先走了,等到祖母满了月子后,才带着两个小儿子,抱着才出生的二女儿,逃离合肥。关于这一点,我有些想不通:怎么就敢让爹爹先走?祖母没说什么,只是笑了笑,没有担心,也没有抱怨。我想祖母一定是和祖父商量好的,因为祖父认为,大难之时,一家人不能够待在一起。

后来一家人又陆陆续续回到合肥东乡老家,祖父和家里需要的东西都是祖母进城去买,那时候合肥还被日本鬼子占领着。"脸上都要抹一把锅底灰的",祖母说这话时,一脸平静。

祖父一辈子单日习文双日习武,读书、写字、下棋、练功,时间久了,习惯这种比较悠闲的生活,不太愿意出去做事。有钱的时候如此,没有钱的时候也是如此,一辈子除了做过一些小生意,教过一些学生,卖卖字,没做过什么所谓大事。祖母也没有什么怨言,估计她很了解祖父这样文人的心理,一切随意,不去计较。

祖母娘家很阔,几个哥哥也都做得不错。但是侄子们就不那么走运了,坐牢的,被管教的,发配工厂农村的,都有。祖母很关心他们,书信往来、寻找机会见面之外,还会给他们做鞋子。那些几十岁的侄儿们接到邮寄过去的鞋子,放声大哭。

祖母(前排左三)和姚家亲戚合影

几个儿子似乎也都不走运,尤其是四儿子(我父亲)遭的难最大。关键时刻,祖母到了我们家,帮着我母亲操持家务,照料孩子,度过很艰难的几年。

现在想来,实际上祖母不仅仅在做着一件件琐碎的事情,她同时是在和我父母一起支撑起那个风雨飘摇中的小屋,这种支撑,靠的是一种信念:鼓足一口气,活下去,活出头来,这个家不能垮!

印象中，祖母从来不说太多的大道理，即便要说，也是简单通俗的三言两语。她似乎更习惯用行动表达她的信念和主张。

祖母也重男轻女，孙子再多都高兴，1954年那一年一下子添了3个孙子，祖母高兴得合不拢嘴，到菜市买菜的路上始终笑容满面，惹着旁人忍不住发问。

家大，人多，难免有各种性格和素质的，祖母心里明白，嘴上从来不说，即便是你有些过分，闹得不愉快也是如此。"大面子还是要顾的"，祖母说。

祖母很要面子，侄子从外地来，她要在家里请吃饭，孙女儿结婚，她要很正式地烧一桌菜接新孙女婿，仿佛是一种规矩，必须要做。

小事情不计较，但是在大是大非问题上，祖母绝对有自己的主见，她可以安安静静地听，脸上微微地笑着，但她依然还是坚持自己的决定。在她看来，一些小动作真是没有意思。"一眼就看出来的"，祖母笑着说。

很多年里，祖母是寂寞的，一个人默默地做着事，闲下来的时候她会点上一支烟，平静地，默默地吸上几口。她住的房子很高也很空，冬天很冷。

1975年，我们和祖母又住到了一起，那两年的时光对于我来说，很重要也很珍贵。

祖母老了的时候喜欢和我说一些过去的事情，对于一些旧风俗旧观念持否定态度。

祖母说到过一桩旧式婚姻，婚前双方不能见面，女方即便是有机会偷偷看上一眼，不知道还是个冒充的。婚后三天新女婿回门，从轿子上蹦下来一个小个头的女婿，龇着个嘴到处作揖行礼，一大家子笑坏了，弄得那个大个子新娘恼羞成怒。我当时一个劲地笑，后来想到那两个人一辈子都过得不太好，又感觉笑不出来了。

还有一次大家都在说属虎的女人命不好，祖母不同意，说那是迷信,她有一个妹妹(外曾祖父老年时侧室所生)就是属虎的,后来嫁了人,生了五个儿子,日子过得很好。

祖母也说过她父亲那个侧室,十几岁时被别人送了过来,后来生了一个女儿,但是以她的身份和地位,很难长久地在大家庭里生存下去,最后她选择了出家。当祖母说到那位侧室带着一大堆东西乘船离开的时候,轻轻地叹了口气。

祖母还说起过他大哥的家事,先后几位夫人,生男生女,故事不少。现在想想,其实都有很多曲折在里面的。

每当祖母说这些的时候,我都会有一种触动,感觉祖母和其他的老人不太一样。

1976年闹地震,父亲在片空地上搭了一个防震棚,里面只能放两张单人床,每天晚上让我陪着祖母住在里面。冬天下雪,我扶着祖母,祖母抱着铜水焐,慢慢走向防震棚。那情形,至今记忆犹新。

祖母个头颇高,但老年时却严重驼背,每逢见到熟人时,她会努力挺直,脸上平静温和。父亲有朋友来,她都会微笑致意,不会说太多的话。

举止大气、言语得体,自然是源于家庭的熏陶和早年的经历,更是一种明白。

有一次跟祖母去淮河路买布,黑布蓝布白布买了一大堆,祖母抱着它们领着我往回走,居然迷路了。后来才知道,祖母是在为自己置办老衣。老衣是需要在一天之内做完的,里里外外好多件,裁缝师傅忙得一刻不停。近中午的时候,来了一位外地客人,大家都感觉这位客人来的有点不是时候,祖母却很高兴,说做老衣时有客人来是件好事,一家人因此都感觉很开心。

祖母去世的时候,我的大脑一片空白,当悲痛渐渐充满内心时,觉得至少有两点让我稍感安慰:祖母终于伸直了腰板,而且她是在笑着的时候离开这个世界的。

祖母去世后,父母亲与其兄嫂姐妹的合影

祖母生于1901年1月23日(光绪庚子年十二月初四子时),1977年3月1日(农历正月十二)去世,享年76周岁。按照农历计算,再虚一岁,那就是78岁。

祖母的父亲85岁逝世,母亲更高寿,九十多岁才去世。其实祖母也应该活得更久一些的,只是她经历了太多的坎坷艰难,每想到这些,我心里就会很难过。

(2019.08)

附录

刘君墓表

马其昶

刘君讳思刚,字健庵,合肥县人。合肥为江淮重镇,粤贼乱起,李文忠公仍父子治乡,兵卒戡大难,成中兴之伟绩。一时义旧起,徒步持节钺,项背相望于中外者,不可胜数。而君实先佐,从赠光禄李公倡团练,卫乡里。及淮军大举图苏州,当事者思君能,屡书促之出。君固谢曰:"家世力农,吾安之素矣。"卒不出,遂终老于家。

岁饥,尝巢谷数十石赈饿者。昏夜,奸民聚掠得粟物,辄相恐曰:"是无乃刘君物耶?慎无犯刘君。"然君家故贫,少孤,废学而商,其持身翼翼,固愿谨人也。不逮事其亲,祭必以诚。

有兄老而聋,经纪衣食,一倚君手。自恨不学,教诚子孙必读书为士人,其于众若无所能者,及遇事奋发,性识坚定。

尝挈众避贼山中,贼焱至,众惊走,君戒众勿动。贼愕,不敢犯,遂引去,盖众相保不走得生者三百余人。

光绪己丑年七十九卒。卒后十四年,其孙泽源述君行,乞文表墓。

君配蔡氏,有子三人孙十六人。

泽源亦笃厚,有其风类,能作擘窠大字,书从其乡先生沈教谕用熙,得包安吴笔法,习之三十年,不徙业。

马其昶曰:风气之渐,摩顾不重哉,淮士之兴,有由来矣。君学行誉望不必显，乃能走悍贼、化其乡人。若此，使乘时赴会，以立功名，何难焉？夫惟功名之立，必出其忠朴慕义，不汲汲焉巧取投合之人。观于君，则合肥先哲，其风气何如哉？吾为表之，士疑今世无功名者，可思也。

［马其昶（1855—1930），字通伯，晚号抱润翁，安徽桐城人，清末民初著名作家、学者。曾任桐城中学堂堂长、安徽高等学校校长、北京法政学校教务主任、参政院参政、清史馆总纂，著有《周易费氏学》《毛诗学》《桐城耆旧传》等。］

刘炳卿抄写《刘君墓表》

健庵刘先生别传

李审言

　　合肥刘君访渠与余同客蒯礼卿观察许久之，审悉其家世，又相昵也。日持其大父健庵先生行略，属为家传。余荒顿，不工为文，重违其义，姑撦为别传，以复于刘君云。

　　按略，先生讳思刚，字健庵。早更父母之丧。有兄幼聋，无所依。育于从母家，比长，从母告以汝贫无所籍，兄锢于耳，责将在汝，汝不力治生，其虞在后。毋谓我不汝戒也。先生涕泣受教，初治稿事有功，徙为贾，废居滋息，稍能具室家，善承其兄欢，既析赀赡兄，岁纳其赢，兄坐不劳，蕃子姓，与己并，以先生故，楷挂，复门户，人咸羡之。

　　先生追丧二亲，直忌日及己生日，恒蔬菜，谢客，茹痛毕齿以为常。每祭，恭荐食，备鲜旨焉。

　　先生病失学，家仅中人赀，欲饬其子举读书以弥憾。有友诮之曰："君负此想，儒窬而报吝，缓不及事，君将何赖哉。"先生笑谢之，然竟不克如志，时诏其子孙曰："吾幼贫不学，悔之无及。汝辈即不能读书作通人，亦当稍识圣贤义理，闲其身不为非辟，则吾之愿也。"先生绌于志时，出其余，丐贫弱，其为人也柔而纫，处大事仡然有守，期达其意。

　　咸丰间，本郡再陷，先生从其乡李愚荃光禄文忠父子治兵，附丽之者皆鹊起，鼎贵或跻节镇。先生当事之殷，独谢归农。人莫测其指,先生意殊得,若未尝与其役者。郡之初复也,先生偶脱归乡里,依之者数十户,居甫定,卒夜哗,贼至,众惊窜稻畦中,籍禾倚移以自蔽。先生狙司贼势孤徒寡,嗓伏者起,持戈四噪呼杀贼,迭相应,贼惶骇,虑为所创,遁去。先生顾左右数百人,无一伤夷者,笑语曰:"何如?"众咸谢再生。偶用其智,其不测如此,亦足多云。

先生既以农隐平生,故人有作书想要,欲以章黻婴之,绝谢不往。遂老死于家。先生诸孙中,访渠最贤,专精于书,沈厚得安吴包君笔法于其师沈教谕用熙行揭名于世,能称先生意,其言先生事,皆实录,宜可书。

余重先生甘淡泊以长其子孙,谓在此不在彼,彼务襮外者,持以相喻,果孰胜邪?可为知止足矣。

[李审言(1859—1931),名详,字审言,江苏兴化人,"扬州学派"后期代表人物。1901年到南京蒯光典府中任教,历任江楚编译官书局帮总督纂、"江苏通志局"协纂、国立东南大学国文系教授、中央研究院特约著述员,有《李审言文集》(上下)。]

刘炳卿抄写《健庵刘先生别传》

先大父健庵府君行略

刘访渠

先大父讳思刚,字健庵,姓刘氏。生九岁失怙,十一失恃,有兄幼聋,依从伯母。

从伯母训之曰:"汝家无一瓦之覆,一垄之植,虽有兄,终当赖汝而生。汝不成立,孤负汝父母也。"大父泣诺,屡谨力农,给衣食,壮岁治贾贸,家稍裕,剂以俭约,如在贫者。

性笃厚,侍兄素谨。以兄朴拙,不善计画,居积皆大父摄之,得赢,以赡其家。后两家子姓相安无间,则大父之诒也。

大父每自疚早孤,不事父母。值先曾大父母忌日及己生日,皆不御酒肉以志痛。然于四时之祭,必备物以荐,至终其身。

与人交汎而知所亲,而于读书,有宿望者敬爱备至。尝训后人曰:"吾幼贫不学,今无及矣,汝辈须勤苦力学,纵不能跻远大以显扬父祖,亦可粗识道理,以为立身之本。"此语盖屡屡言之。

家仅中人之产,常能分有余以溉不足,为人仁而不忍,至其志之所安,不以势夺。

咸丰间,粤逆肆扰,岁荐饥,所在被兵。乡先达李玉泉公倡办团练,佐者有王公敬廷诸人。大父亦与焉,独捐米数十石,以救平民,无几微吝色。里有某某攖众怒,诸人欲以军法治之,大父力救获免,至今后嗣尚蕃昌焉。

饥民暮夜盗菜,私相语曰:"此菜得毋是刘公家菜乎？戒,不得取。"大父适夜归,闻其语,尝以告后人曰:"此虽细事,然我何以得此？敢不自勉乎？"

嗣苏常甫定,王公敬廷得营务处事,屡书邀大父出为助。大父辞,愿力农不往。族祖月波公为大父出赀得从九品衔,大父偿其赀,月波公却不受,大父固与之,曰:"我与兄虽善,爵岂可虚受乎？"

大父之值郡城再陷再复,脱归乡里,聚落邻近从之者数百人。居未定,忽夜惊贼卒至,皆仓皇窜稻畦中,自翳希免。大父侦贼少与,大呼杀贼,

刘炳卿抄写《先大父健庵府君行略》

里中儿持兵噪从之,贼惊遁。是役不伤一人,大父之善以智术如此。

大父居家训子孙,以忠厚谨朴慈惠为先。自源父与诸父皆遵守焉。暮年耳目聪明,精神充健,时携孙曾为乐。以光绪己丑年十月年七十九卒于家。先卒之四月,制纸楮十余篓,若有前知。

源逮事大父近三十年,于诸孙中最为大父所爱。大父之行,源所不及见者,源父及诸父多言之,大父亦时举以告源。其将殁也,训

源尤至。

大父见背十一载，源无似玩愒岁月，志学不进，既负贻谋，而大父之行事，又不能文而传之，以诏我后人，罪戾滋重。用敢述大父素所教于家、施于外者，以请于能文之君子，惟不弃源之愚而为之传焉。

光绪庚子八月，孙泽源谨述。

[刘访渠(1862—1923)，书法家，安徽合肥人。名泽源，册名士端，字访渠。1901年后长期居住南京蒯府，1906年移馆李国松府。其书法作品获1910年南洋劝业会书法类最高奖(超等奖)。编有《石翁临禊叙书谱合册》，影响广泛。]

刘竹斋先生八十双寿序

张子开

运初交运友刘君访渠,服其处事详实,吐言真率,性刚若不可犯,而遇人无不一出于厚。及进,谒其尊君竹斋先生,温然谆直,知访渠兄敦行有自来矣。

访渠昆弟五人,其三四弟泮桥、平阶,以访渠故,运皆得交,而皆与运莫厚焉。其言行,皆先生风也。他日访渠示读所为大父健庵府君行述,于是又知先生之韬谦质厚,又皆本之府君,惟其增之,莫有替也。

府君幼孤奋立,勤劬成家,无荣贵之慕,而喜推有余于人。粤逆之乱,助乡人团兵御贼,输货竭力,担任慨壮。其后共事者出当官路,屡有简招,皆谢不往,而淡然力田。训子孙,享有高年。尝称吾家室团聚近百人,历六十年,不一闻不祥之声,此天厚我也,用此自乐而已。

生先生兄弟三人,而先生居长,懋迁自食,言行不二,人乐以钱货藉资生殖,卷舒出入,廓然有余。而赋性乐俭己益人,犹府君也。婚丧之不能备,饥寒之不能存,及他善举,无不计力周助。尝有贫佣失金欲自损生者,为偿而全之。又有幼年瞽目,依祖母行乞,资使学五行术,遂有室家。以生以养,受者衔感。而先生自以卑居力微,不得尽行其意,欲却谢让弗居。未及七十,退老于家,委事泮桥、平阶,其后少推大之，又出其力，兼为人谋，无不满意。

访渠于资产，不屑屑也，独以书学专长，驰名南北。而性行恢豪，人皆愿得以为交。服其书，尤以其人为莫及。然皆遵先生之训，不为张侈，苟可益人事者，不惮竭诚营赞。辛亥癸丑祸变之际，资联络，消巨患，地方有隐赖焉，而时之人不以德三君，而以先生之教为有然也。

岁庚申正月十七日，为先生八十生辰，先是族戚有欲寿先生者，先生以先府君年逾八秩未尝言寿，而每届诞辰，必素食一日，谢使勿举。及是乡人士金以先生登耄耋，神明不衰，元配彭夫人亦年八十，与先生阃顺同德，偕及康强。生五子，而四子就养，于时为有名；孙十六人，读书业文，彬彬知礼意；曾孙十一人，亦皆以次就傅矣。诸子孙妇女息环叠满前，天属之庆，与先府君后先同盛。夫人愿望而不一二观者。又计自先府君积厚不耀，先生缵绍有加，以逮访渠昆弟历三世矣。一皆棉守无倦息，益进益励。

传曰：美成在久。又曰：蕴必发，其必更有荣茂昌大承其后者。尤人所乐得以为祝颂者也。先生虽勿欲，恶能已乎？因共属运为辞以进。

刘炳卿抄写《刘竹斋先生八十双寿序》

［张子开（1863—1938），书法家、教育家，安徽合肥人，名文运，字子开，举人。长年在家中设馆，桃李盈门。1907年任庐州中学堂首任学监，广聘名师，任内3届毕业生在省试中成绩最优。抗日战争时于颠沛流离中郁愤而终。］

先母哀启

张子开代撰

哀启者,先母秉性和顺,气体素健,少即知孝于外祖父母,外祖父母最钟爱之。年十七,值粤乱,以许字先君,即携送先君家。又二年,乃从先君之室,事先大父母如事外祖父母。事有所需,无弗供也;意有所向,无弗从也。凡家内外粗细举动,力所能为,不以待人。先大父母亦爱如己女,尝谓曰:"汝太老好,盖特喜之。"从无呵责也。

先君性刚直,常顺事无违。继二先叔父三先叔父先后成室,处诸母皆协以和。善则相推,过则归己,唯恐不可先大父母之意。初不间己之与娣姒也,生平无忿气厉色,家人过失,多从宽贷。与人言咸出婉巽,教子侄诸孙亦然。时勉以勤苦职业,尤喜能学,以为但得成就,虽贫何憾。至屡谕不听,亦不肯严责,不乐而已。

自处简朴,不喜华服美食,布衣之新者,亦不轻服。而待人务

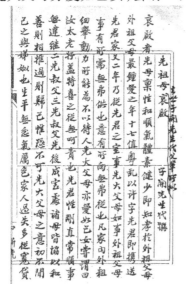

刘炳卿抄写《先母哀启》(加了一个"祖"字)

丰厚，尤矜贫穷，恒量给钱财。有饿者，或乃辍食以与之。不足，童子持食至，并举益之。而嗟悯之深，犹不啻出诸口也。

盖先母慈孝仁厚，一往笃挚。丧外祖母时，哭泣过哀，积日不食，以外叔祖母劝，勉强自节，然已隐隐成疾矣。自后时患气痛，五十时尤多病，体遂渐衰，六十后又转强豫，唯气痛之疾，终未能愈。时时间发，然发时服药即止，未为大苦。今春逮夏，发乃较剧，每至气逆不能进食。但常少啜薄粥，逮至上月，又复加重，甚且勺水，亦不入口。医者束手。

先母病困中神明清爽，谓不孝泽源等曰："吾年已七十九，复何过求？但术者言我老时只得一子送终，吾常病其然。今汝等皆在侧，我不憾矣。至身后治丧，务从俭薄，以遂我性。不得与汝父比也。"不孝等闻言增痛，犹复时时延医诊治，乃竟至不效，延及今八月初二日丑时，竟弃不孝等而长逝矣。呜呼痛哉！不孝等侍奉无状，罹此鞠凶，抱痛终天，百身莫赎，只以窀穸未安，不得不苟延残喘，勉襄大事，苫块昏迷，语无伦次，伏惟矜鉴。

棘人刘泽 源扬 序治 泣血稽颡

清故太学生翰林院待诏合肥刘君墓志铭

李详

余友合肥刘君访渠没八年许,每一念君,神志沮丧,若撄骨肉,戚者郁郁,既久思有以传君,而文字不能贯悉。则思据所闻见,撰为别传。揭君磊磊毅丈夫梗概以质海内,以竟后死者之责。适其子绍业具君行略,请于从父泮桥、平阶两君寓书誦诿,且修元微之家属,致于白文公故事,重币以腠,于是震掉悲惋流涕,再拜而书之曰:

君讳泽源,字访渠,本贯庐州府合肥县东北乡人。曾祖讳怀万,祖讳思刚,父讳德林,先世俱业农,自君祖始兼营商,父继之。君兄弟五人,次居长,少应童试,不屑就有司尺寸,遂弃去,专意学书。初习欧阳率更,已能自名。

闻同县沈先生用熙传安吴包倦翁笔法,因师沈改习北朝碑版,上探篆分。穷日夜不懈。一惟师言是听,沈先生谓其笔力可敌邓山人,且许其质直不欺,能传师法。虽怵以利害,不能夺也。

君书虽大成,世犹以布衣少之,此邓山人往事也。独同县蒯京卿光典、张举人文运、李京卿国松先生后昵君无间,蒯官翰林好以沈传安吴之派,矜言于京师之能书者。及改官后则招君至江宁,稠人广坐,必指君示之,曰:"此安吴再传弟子也。"又为之延誉于缪编修荃孙,沈提学曾植,凭中丞煦端忠敏,初摈江苏,复以君进。

君游苏州,留数月,获观陶斋及费屺怀旧藏,自审以不能周旋要人辞归。而馆蒯所最久，蒯既令诸子从君学书。每至夜分，召君论九宫，往往至日上，犹断断未已，各笑而罢。

蒯官差次，有大事必就君，商可否。家事一令处分，莫敢有违。有干以私或请委屈毋摘其隐，则盛色持不可，人多惮之。

张君文学书法蚤名于乡里，然论书，必推君。张学素高于君，而气谊相人偶。言论造次，必与君偕。一如邛邛与蹷蛩以两济，人多不解其故，即君与张君亦不自知其故也。

李君以贵胄习安吴笔法，因嗜沈君书，求友于君与张君。皆特设一席，如宾师之礼。李君既不以门阀见异，君亦不以疏贱少屈，数十年如一日。

当国命初改，李君避上海，君留守庐州，为李庀资产。群不逞，汹汹惎君，为梗，枪拟其胸者再，君出入生死，徐获以解。君所以报知己者如此，信非神勇，不可跻。君于古，当为独行传中人物，而书法之传，犹其后也。

余之交君在光绪壬寅，馆于蒯氏。余颓放无检束，君亦朴遨如村氓、市贾，但以一言之异，遂定深契。每于余所称举，奉若律，令人有不嗛于余，从容构扇，将挤以去，君则为裂眦攘臂，痛陈其故，且使加礼。又于余病肺之沉痼，家庭之怫郁，遇合之蹭蹬，觇其衰剧，以为忧喜。余昔颂君有云："永为弟昆，誓与夫子。"至今思之，不可易也。

君于沈先生求桐城马君其昶为传，请于缪编修采入续碑传集。又取沈临禊帖书谱，景印以传。君与师友庶几有古人风，而逝者不可作矣。

君生于同治壬戌，没于民国壬戌，得年六十有一。子六人，绍业、绍礼、绍斌、绍铭，女二人，元配陈孺人出；继配董孺人生女一，妾陈氏生子绍庄、绍靖，女一，孙三人，孙女八人。君以民国乙丑葬于破坝院直舍西北二里许，至今铭幽之文未有所属，泮桥昆弟谓余知君有素，俾竟其事，特著君之大节，不为一艺所囿，而可传之士夫间。

罗缕冗长，略如传记。亦以使读者轩轩然太息而三复也。铭曰：

有顾其杰，声若洪钟，暖妹一师，粤唯石翁。上溯安吴，精诚可通。挥洒莫比，郁为艺雄。琅琅高致，有古人风。如文待诏，厄无涞聪。得名虽后，其官则同。赍词凭吊，往袯幽宫。旷兮不见，言迈思从。

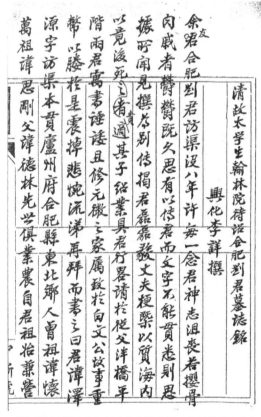

刘炳卿抄写《清故太学生翰林院待诏合肥刘君墓志铭》

刘先生家传

陈维藩

先生讳泽源，字访渠，合肥刘氏。父讳德林，母彭太孺人。兄弟五人，次居长。

少习应试文，好欧阳率更书，二十后师事同邑沈石坪先生，先生安吴包慎伯先生传法弟子也。三十从游，笃守六十年，遂臻大家。先后弟子甚众。少当意者，晚乃得先生谓其笔力雄杰，可跻邓山人。先生亦以是自奋，绝意进取，日侍几砚，探研安吴绪论，凡秦汉篆分、晋唐行草、南北朝隋唐碑版之见称于艺舟双楫者，无不溯流穷源，得其究竟，而一以师说指得势锋得力为书，如是者二十年。

清光绪己亥岁，石翁以九十上寿归道山，先生三十八矣。时同邑蒯公礼卿以淹博名海内，雅服石翁书，且重先生。后与辛丑癸卯间先后总办正阳盐局，十二圩督销局聘先生为助，兼以书法授子弟。公广交游，侨寓金陵，吴中名宦自端匋斋以次多其友好。讨论古刻，辄延先生，因得偏观收藏，益工鉴赏。局中机要有繁难者，亦辄委付，尝谓先生性情质直而才局开张，可属大事。书法传世，其余事也。

越二年，同邑李木公先生亦以慕好沈书，数商蒯公，聘先生移馆其家，极见宾礼。

又二年，南洋举办劝业会，蒯公趣先生作五体书，评者推当世书法第一,赠最优奖章。名益振。

先生气禀壮伟,兼精技击,腕力固已,绝出前世书家。益以石翁之传,摧刚为柔,深厚绵密,一点画备八面之势,一提按运周身之力。舒徐安详中步步崛强,大气鼓荡中丝丝入扣。凡安吴所标万毫齐力,妙在用笔,能在结字,北朝笔、唐贤体者,无不备具。晚更屏去作用,归于简直。识与不识,莫不目为今世邓山人,而不知遭际之远弗逮也。

盖先生虽于书法外无他好,顾重义气,多才能,敢任。自蒯公时已多理繁重,及移馆木公先生家,甫数岁而辛亥国改。木公先生长文学守正,因地方学务,与维新诸子间有龃龉,又家世贵盛,资产饶裕,尤见涎于乘机假借者,自是移居上海,里中事悉托先生。蹈险支危,累月连岁,卒以应变不穷,事乃悉解。

自后,邑中事故日多,先后主持军政者多引重先生。凡有关安危之大,纷繁之局,先生辄尽力所能,未尝诿谢。如是者又有年,心神数为烦,日课亦有时辍。

平生重孝友,笃风义,喜交游,侍亲极谨,处兄弟极诚,事师至忠且敬。同邑明贤蒯李二公外,他若张楚宝、周荛垓、江润生、张子开、张琴襄诸先生,皆终世笃好。则沈子培、缪小山、陈伯言、吴俊卿、马通伯、李审言诸先生,亦皆谈艺连茵,修布衣之谊。而行迹落落,无所干请。

民国八年游北平,见知于国务总理段公芝泉,聘为顾问。民九游安庆,见知于省长许公雋人,聘为高等顾问。

虽时有献替,终不及己私。唯于本师名列清史事,一再请之缪马诸公;而影印其临摹禊帖书谱日课书,亦广征于海内名宿。盖其毕生所注独此一艺,虽大成,意犹有所未足。精力复弥满,思得暇更并力为之,讵意民国十一年壬戌之冬,甫逾周甲,遘中风疾,一夕而终。闻者无不震悼失气。处境既远不如邓山人,得年又远不如本师,是诚艺林之不幸,非仅一邑人文而已。

先生元配陈孺人,生四子:绍业、绍礼、绍斌、绍铭,女二人。继配董孺人,生女一人。侧室陈孺人,生二子,绍庄、绍靖,女一人。孙三人,孙女八人。绍礼早卒,绍铭及其兄绍斌叔兼、绍业伯勤亦先后殁于抗倭胜利前,今唯绍庄敬强、绍靖伟甫存。

先生自四十后,求书者日不暇给,书甚多。其后事务繁,临池尝间。每晨兴坐床,植指背临碑帖百数十字,行旅中亦不或辍。然机缘阻滞,未得多为大碑刻。传世者率为墨迹。平生收藏亦精且富,乱离后并散失,故今欲求先生书及其旧藏,重值亦不易致。独伟甫流离中负荷珍惜,犹有存者。

陈维藩曰:先生与先师两张先生子开、琴襄为昆弟交。琴襄先生少壮亦学书石翁,极见称赏;子开先生以金石鉴赏尤知名于海内。两先生交甚笃,论书则时有异同,唯与先生,皆推服备至。子开先生谓先生榜书前无古人,琴襄先生谓先生笔力过张文敏、梁亳州,无论并世。然皆教子弟时平心之言,非故为抑扬者。余习闻两先生之论书,亦颇诵习安吴绪论,心惮其难,未之敢学,先生期待特甚,每宴四方贤豪士。辄折简命厕坐其间,酒酣论事,义气激昂,至今謦咳犹在耳也。

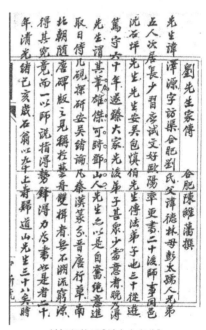

刘炳卿抄写《刘先生家传》

先生下世十六年而倭难作,两张先生咸逝于肥城沦陷之年,学书于三先生者虽多,专恒者实寡,离乱以来,抱阙守残者愈寡。包沈遗绪已在绝续不可知之间。谓非后生之责乎?

当先生殁后,其弟泮桥、平阶两丈,已率先生冢子伯勤君请陷幽之文于兴化李审言先生详,文绝沉挚,而先师为之书,今弹指又廿年,先生族修谱乘,犹子炳卿同门复奉两丈命属为家传,两丈皆逾稀年,树立亦伟,炳卿则传笔法于先生,而学文于子开先生,今犹谨守家法,弗忍舍去。余不敢辞,恭次如上,且恨往日自画,未遑执贽,无以发书家之深,岂弟有负期待之殷已哉。

[陈维藩,安徽合肥人,张子开学生,刘炳卿师兄,以文字见长。]

寿刘泮桥先生八十有一
（应公犹子炳卿之征）

江伯瑟

较齿公今乐全类①，视弟行年加二岁。

百六十龄两昆季，谁当作诗首此意。

因思伯氏书通神，空留墨妙为世珍。

季也连翩惜文羽，一枰坐隐羲皇人。

公惟读史能读智，有时急公非好事。

拍肩挹袖弟兄际，俯仰何求惟适志。

众力莫逮心独长，江城不夜琉璃光。

谁知巨业屹涛浪，晚来犹得充饥肠②。

别记他时堪复桉，昧者何心徒点串。

朝夕交真桂槿分③，浅深仙要蓬瀛看。

分醪饷笋胡欢哗④，称觞有庆公之家。

骥子龙孙竞趋远，榴红艾碧方交加。

似我通家惭孔李，欲往从公隔江水。

一门两世清风清，百岁赓歌泛此始。

公乎勿吝春酒美。

①东坡《乐全先生文集·序》，公年八十一，与造物游。

②芜湖电灯厂创始，公为董事。解放时，独立支柱，未阙供应。

③友人陇西君以理财事相嘱，去时为之记，代者不知也，施计巧焉。

④子由寄东坡诗："浊醪幸分季，新笋可饷伯。"时分居洛中。

［江伯瑟，安徽合肥人，清代合肥著名诗人江云龙之孙，以诗词见长。］

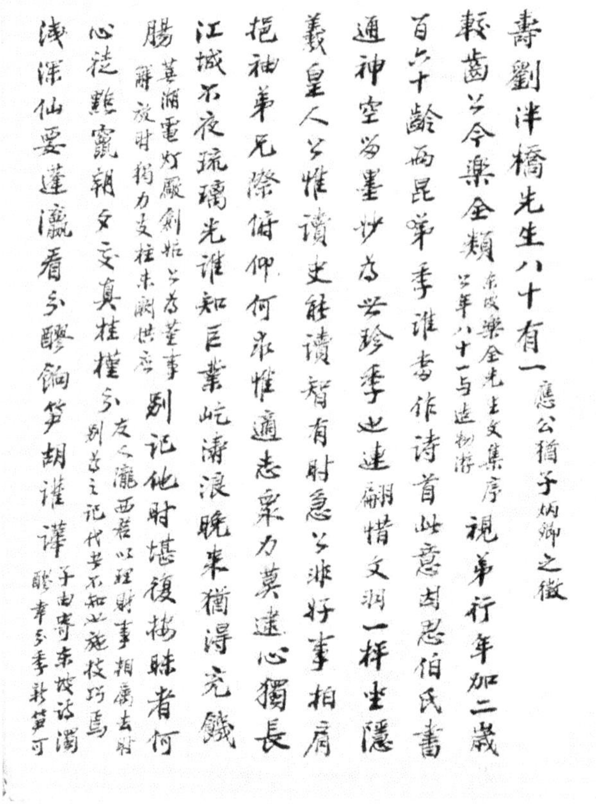
壽劉泮橋先生八十有一 應公猶子炳卿之徵
輓齒兮令樂全類 东坡樂全先生文集序 公年八十一与造物游 視弟行年加二歲
百六十齡兩昆弟季誰壽作詩首此意冈忍伯氏書
通神空為墨妙為世珍季也連翩惜文洞一枰坐隱
羲皇人兮惟讀史能讀智有財急兮排好事柏肩
挹袖弟兄際俯仰何求惟適志衆力莫違心獨長
江城不夜琉璃光誰知巨業屹濤浪晚來猶得充饑
腸 莫湘電灯厰創始兮为董事 解放時猶力支柱未謝世否 別記他時堪復揣睇者何
心徒雖竄朝夕文真桂權兮 友人瀧西君以理財事相屬去時別其之記代其不知此施技巧焉
淺深仙要蓬瀛看兮醪餉笋胡謹譁 予由寄东坡詩 醪韋兮季秋笋可

刘炳卿抄写《刘泮桥先生八十有一》

平阶仁兄亲家六十晋一寿序

张子开

　　余与平阶君昆弟交四十年于兹矣。初以书学之好与访渠待诏君不介而亲,而君与泮桥君亦皆一见若旧。

　　是时,东方兵事后,朝廷虽意在求强,而尚未有纷扰之政。民间安于常业,守礼敦谊,酬酢之会往往而有。故余与君昆弟数得欸聚,久之益密亲。昆弟不啻焉后,余小子濂又婿君从女,重之婚姻,然亲善之情,故不待为增厚也。

　　顾余以性愚钝,不能谐世用,而君昆弟则各有应务才。君尤跌宕有风采,意必当有振发于时者,而遭值世变,无资自达。惟君一为省议员,颇以论说解轻民困,识者伟君才辩,谓当益起赴时。无何,政体益变,而待诏君又不幸下世。

　　李京卿木公以与君之旧也,复浼以运漕主计事,君亦藉是为息迹矣。然自兹以来,法制多异,倖民喜藉口,殊不堪与较,而屡屈坚留,不得谢去。

　　即漕之人,赖君调画,数脱兵险,

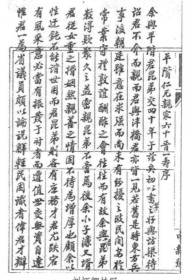

刘炳卿抄写
《平阶仁兄亲家六十晋一寿序》

219

亦不以君去为可也。而君忽有室人之戚,去秋以殡归。余一见亟慰问,而意气殊不减昔。惟言及世况,愀然不能为怀者。

今又逾年矣,君之子丙卿来言,今岁甲戌五月初十日,实为君六十有一诞辰,意余不可无言。

余以君先世皆享高年,寿耇,自素有独幸旦晚或荡平,使得如往者,宽然之,世相与宴乐为欢欣,是则余与君所共为庆觑者已。

姻教弟张文运顿首,撰书,拜祝。

岁次甲戌年五月初十日

寿诗四章

陆养平

淮南鸿爪话前因,荏苒光阴迹已陈。
难得梁园旧宾客,尚留落落两晨星。
(君与予同庚,昔年同客乡先辈蒯公正阳关盐务署中,一时宾从甚盛。忽忽五十余年,今存者惟君与予二人而已)

肆力钟王志不移,嗣君书法擅当时。
固知家学渊源在,染翰临池乐有余。
(君家长公访渠先生为吾肥大书家,哲嗣炳卿兄幼年传其笔法,工书嗜古,临池无间,盖亦称得八法中之三昧者。)

芝芬兰秀蔚孙枝,雁序蜚声共入时。
文化大军新阵线,成荫桃李满阶墀。
(君诸孙皆优于文学,同在文化岗位上工作。)

年登耄耋庆长春,敛手推枰物外身。
世德相承争继美,五云高处老人星。

谨献寿诗四章，用祝平公先生八旬大庆，并乞教正为幸。

弟陆养平拜上

[陆养平，安徽合肥人，民国期间文人，刘炳卿朋友。]

刘炳卿抄写《寿诗四章》

平阶丈八十生日，哲嗣炳卿兄置酒相召，座有茂源、孟平、遂生诸君，赋诗为寿

江伯瑟

记我儿童时，耆旧看渐少。翻腾卅年后，犹得寿此老。
先子所敬事，尚志云霞表。读书美时誉，通识世变晓。
薄游岂无意，末俗竞机巧。轻身求何为，自掷千金宝。
人生谢拘束，才气宁能小。便掩蓬藋门，雅慕邱圆道。
对床老兄弟，近局几宾好。图史罗儿孙，韭菘课童媪。
何待师川棋，一着矜指爪①。
养生在无欲，自寿非天保。从容臻大耋，坐中谁善祷。
兵戈偃息迟，家国艰难早。当年几后辈，玄鬓各已缟。
谁如矍铄人，不为外物扰。细珮锵中厨，斑衣映清醥。
百年此消息，一饱荷兄嫂。所愧鹤南飞，兴歌意徒绕。

①世说苏养直隐京口，与师川同召，养直不起。平日对弈，徐高于苏。至是，养直拈一子，笑视师川曰：今日还需让老夫一着。

手階夫八十生日招闢内卿兄置酒相招座有
茂源盃平遂生逃老賦詩為壽
記我兄童時春舊看瀚少翻騰世年後
猶浮壽此老先子所敬事尚志雲霞表
讀書美對養通識世交晚蕩游堂差嘉
未俗競機巧經身果何為榭千金寶
人生謝枸末才氣窅絨小使掩蓮蘿門稚
慕邱園道對床老兒芽近匊戔賓好國史
羅兒孫萑菽課童媼何待師川棋一看矜
指八世漢恭壽直陵宗也与師川同氏著直不起平日對東徐
高于弘至是春直指小子芟棋師川曰今日远須讓老夫一
著養生在无欲自壽非天保儻答臻大耆
坐中諸善禱兵戈僱惠家國旅雄早
富年幾後輩玄赘各已繡誰状襄鏢
人不為外物撄細珮鏽中廚斑衣映清
醉百齡此消息一鋭荷兒嫂所傀鶴南
飛興諸玄徒絨

江伯瑟手迹

贺诗一首

丁兴濒　娄良怀

映日榴红取次妍,跻堂此际倍欣然。
相将且纳无疆颂,自抚还殷不僭篇。
过眼烟云宁复省,当年流辈几先鞭。
枰间肆意情何限,孰惕堪徵老益坚。

平公太世尊八秩荣庆
世再侄丁兴濒、娄良怀敬祝

[丁兴濒,安徽合肥人,民国期间曾任合肥中学校长,刘炳卿朋友。娄良怀,安徽合肥人,民国期间文人,刘炳卿朋友。]

补祝八十寿辞两章　用博平公亲翁粲政

蔡庆泽

一局输赢橘叟棋，劫尘几见海桑移。
养心自得长生诀，澄观毋烦善祷辞。
二老对床忘物外[①]，五年长我许肩随[②]。
杖朝晚景堪娱处，置膝郎君有白眉[③]。

廿载兵尘断消息，旧游失喜剩晨星。
飘摇家室头俱白，零落亲朋眼独青。
生事艰危饥亦乐，梦痕稠叠醉兼醒。
何当杖策衡栖下，霏玉清谭俾再聆。

老病衰慵，旧学荒废。不亲吟事，盖已数年。兹值逢辰大庆，猥蒙不弃，远道诿諈。搜索枯肠，勉成两律。既为公寿，兼以自述。工拙与否，在所不计。乞付炳卿兄收度，用作后来记念云尔。

姻愚弟蔡庆泽仲雄初稿

炳卿姻三兄侍席：

自廿七年春间肥西道中匆匆一晤，不相见者十五寒暑矣。地变

①谓泮公。

②五年以长，则肩随之。见《礼记》。

③谓炳卿兄。

天荒，陵移谷换，个中况味，彼此均同，无庸缕述。顷得小儿继炳来函，言及尊翁今年八十大庆，谬蒙不弃，嘱赋寿诗。弟离群索居，罕接人事，环境煎迫，久废吟哦。勉成雅命，谨赋七律二章，既寿尊翁，亦当自述。乞代转呈堂上，用为后来记念。

愧不能如伯瑟诗之清警有味也。伯瑟诗才超拔，曩客周圩，屡共唱和，久已视为畏友。今读抄示来诗，益沵佩服，陆养老赏识，可云不谬。拙作并请转示养老、伯瑟二位，乞代敲政为荷。

值兹新潮澎湃，此种雕虫末技，早等土苴朽木，不值一哂矣。

本拟趋府补祝，奈老病衰惫，步履维艰，奋飞无翼，徒唤奈何。岳宗兄久不相闻，近况何似，便乞示知。去岁得李伯琦书，云木公已于前年考终沪寓。尊公闻之当亦怆然也。

手颂侍福。

弟蔡庆泽顿启

古历二月廿八日　一九五四年

［蔡庆泽，安徽合肥人，民国期间文人，刘炳卿亲戚。］

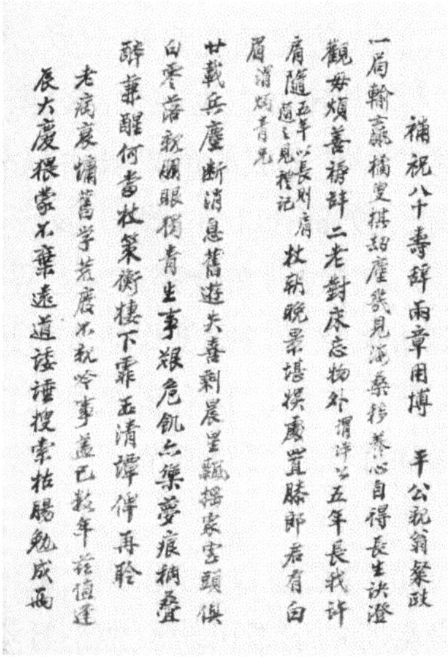
補祝八十壽辭兩章用博　平公親翁粲政
一局輸贏橘叟棋超塵我見海桑移養心自得長生訣澄
觀毋煩善禱辭二老對床忘物外謂泮公五年長我許
肩隨五年以長則肩隨之見禮記　杖朝晚景堪娛處豈勝郎君有白
眉謂炳青兄
廿載兵塵斷消息舊遊失喜剩晨星飄搖家室頭俱
白零落親朋眼獨青生事艱危飢亦樂夢痕稠疊
醉兼醒何當杖策衡樓下霏玉清譚得再聆
老病衰慵舊学荒廢不親吟事蓋已數年矣兹値蓬
辰大慶猥蒙不棄遠道諈諉搜索枯腸勉成兩

刘炳卿抄写《补祝八十寿辞两章　用博平公亲翁粲政》

文脉世交百余年

完颜海瑞

一

以文会友，以文交友，古往今来留下许许多多美文佳话；但以文世交，四代相延，文脉世续，竟达一百多年之久，恐怕是世间难以多传的美闻吧。

我完颜家和合肥刘家便是世交于文，绵延四代。刘定九先生比我年长十四岁，比我的叔父完颜艺舟小十岁。20世纪60年代"文革"期间，二十多岁的我与定九先生在包河公园一间幽静的岛屋里相见，促膝交谈。对"文革"造成的乱象表示深深的忧虑。粉碎"四人帮"之后，拨乱反正，1978年11月，我的"反革命"身份得以平反，与刘定九先生的名字又同时列在合肥市文艺界平反大会的光荣榜上。1984年，我调到市文化局戏剧创作研究室搞编剧，定九先生此时已入了党，担任创研室主任。我们多次参加剧本创作研究讨论，曾经结伴去上海，参加莎士比亚戏剧节，又一起去南京采风游览六朝盛地……

他的办公室与我的办公室仅一墙之隔，简陋的铁皮房子，木板的隔断，彼此说话声都听的清晰可辨。他平日不苟言笑，待人谦恭随和，办公桌边正襟危坐，西装革履、整洁清爽，头发梳得整整齐齐一丝不乱。一旦谈笑,却是神采飞扬,谐趣横生,没有一点矫情,亦庄亦谐矣。有一天,我们并肩下楼时,他突然很神秘地甩给我一句话:"海瑞,我们两家是一百多年的世交呢!"我惊愕,一愣,正欲追问,他却与两位同事谈笑风生地下楼去了,从此以后再也没有听他提及这事。

我就去问叔父,叔父深有感慨地说:"刘定九讲的是实话,他的曾祖父与你的曾祖父在清代道光、咸丰时便有了文字交情。到了同治、光绪时期,你爷爷完少芗先是闯荡江湖,后在江阴、上海、粤东军中作幕僚,民国初期在合肥当交价局局长。清朝光绪年间驻外四国公使龚照瑗,称赞我们完氏'文采儒雅,辉映至今',在合肥地区自是很有影响的。你爷爷明敏通达,极善辞令,和刘定九的大祖父(祖父的长兄)大书法家刘访渠更是成了莫逆之交。那时他们同王柱臣老先生以及银行家高惠诚老先生,是当时出了名的合肥四先生,常在一起切磋文学、书道、金融,谈古论今,各呈高见。"

刘访渠(名泽源)曾为晚清太学生、翰林院待诏,是一位赫赫有名的大书法家,我家藏有几幅他的珍墨,在我记事时,堂屋壁上挂着翁同龢和刘访渠的书联,翁同龢写的是"东渭野泉流碧酒,南园渭雨长秋苏",刘访渠书联为"居身不使白玉玷,立志直与青云齐""智若莫如读书,闲居足以养志",可惜在"文革"时被付之一炬了。刘访渠是合肥东乡磨店人,与我老家完牌坊仅十里之遥。1922年,商务印书馆出版的《石翁临禊叙书谱合册》一书中,书画大师吴昌硕作诗、文称赞刘访渠:"访渠书演拨镫法,师承接受密不疏""访渠先生书法遒古,运腕得拨镫法……"

二

20世纪90年代,我把叔父的话告诉了定九先生,他笑了,又告诉我说,因为文脉世交,他的父亲刘炳卿和我的父亲完炳星也是过往甚密的。30年代初,我父亲从北京京师大学堂(北大前身)毕业后在北京民国总统府做秘书,目睹军阀混战,国事蜩螗,便回到家乡合肥,创办合肥会文学社。父亲精通国学,深谙典籍,诗文书法俱佳,有《芝秀山房诗集》《会文学社诗集》存于世。作为桐城派文人的刘炳卿先生与饱学诗文的家父完炳星承续完、刘世交,来往频繁。刘炳卿先生学识渊博,功底深厚。当时合肥的文人、书家常常聚会,奇文共欣赏,疑义相与析,文章互示,诗词吟唱,研墨作书。

刘炳卿先生,在文论、诗歌、书法等方面皆有造诣,才思敏捷,作品甚丰。在《合肥沈用熙书法源流》一文中,纵论书道,梳理师承源流,皆是书法之精确要义。谈到刘访渠,文章举贤不避亲,浓墨重彩评论道:(刘访渠)师承石翁,"久之,石翁(沈用熙)谓其笔力雄健,可跻邓山人(石如)三十前后笔意近似石翁,多取向势为书。四十以后,转用背势,至五十后,又以体笔过于方峻,不自洽意,于是用笔趋于蕴藉,字体务回互成趣,而以大气流行出之,此其平生作书之过程。然用意虽屡有变动,而逆入平出,步步崛强诸法,终不易也。常言:'书道通于事物之理,深思与工力,两者不可偏废。永字八法,即是一法,笔笔以点下,但下后要折,笔锋才能得力。笔在手中,要按得倒,提得起,一按一提,便能转换。'又言:'《艺舟双楫·论书》,是专门之学,若非深知书道之人,很难免于误解。'毕生精力独注与书艺,以布衣遨游公卿间,获观旧榻碑帖与名家墨迹甚广,己所收藏亦富。游踪所至,索书者多。笃守包、沈遗法,而能自树一帜。笔势洞达,外圆内方,鼓荡醋姿,充实骏发,有轩昂磊落之概。榜书雄峻安详,尤为并世书家所推重,气禀壮伟……"

三

新中国成立后,大概也由于世交之故,我的叔父完艺舟与刘定九先生就自然是往来密切、相交甚厚了。他们又都是从事戏剧创作和研究工作的,彼此家学渊源,又是三代世交,便多了一层默契和友善。叔父告诉我,1949年定九先生自合肥一中毕业后被南京大学和皖北师范同时录取,因为家境清贫,选入师范。这皖北师范在解放初期改为干部培训学校。刘定九结业之后,分配到合肥市文教科工作。他一人兼管文化、体育、科普、园林、宗教等事情,特别在创办文化事业上,可以说是"开市功臣",建剧场、文化馆、体育场,组织合肥最初的倒七戏(庐剧)戏班子演出。王本银、丁玉兰、孙邦栋、董桂兰成为当时简陋舞台上的戏剧明星。群众文化活动更是开展得红红火火……就是这样一位新中国文化建设的青年才俊,却在1958年被错误地划成"右派"。

1979年,刘定九被任命为合肥青年京剧团团长,他精神奋发,积极进取,把旺盛的精力、才华全身心地投入到培养京剧艺术接班人的教学管理工作中。拿出建国初期那股开拓文化事业的闯劲,与著名京剧表演艺术家曹婉秋等,带领一班朝气蓬勃的青少年,像辛勤的园丁,耕耘苑圃,培育新苗,插荆编篱,铃绾轻绹,滋润着一株株带露的蓓蕾。他呕心沥血,既严格,又慈爱。要求年轻的学员们学戏先做人,第一要注重品格、品性;要辛苦练好演员功夫唱做念打,手眼身法步,要做到门门皆精;刘定九还自编一套文化艺术教材,亲自担任教员,教唐诗、宋词,教京剧十三辙韵律,甚至还教天干地支,灌输优秀文化传统,普及国学知识,规定爱好学习的学员每月要背熟十首诗词,临摹五张碑帖……剧团如此重视文化基本功的教育,在当时,实在是全省、全国所少见的。合肥青年京剧团虽然因种种原因解散了,但其中许多优秀人才如陶军、蒋兆义、秦家凤、刘晓明等后来或成为著名演员,或到海外从事京剧教育事业,或成为小有名气的书画家。现为合肥市文联副主席的刘晓明先生改行专攻书法、国画,其作品看上去有书卷气和文人气息,这或许与当时"童子功"有潜移默化的关系吧。细览他的书画,似乎还暗含着京剧表演的意蕴和韵律。他不无感慨地对我说,"这都得感谢老团长刘定九先生,他当年一再嘱咐我们,搞任何一门艺术都一定要有文化知识,要有国学功底,要受传统文化熏陶。今天看起来,老团长的谆谆教导真是受益终身啊!"

刘定九先生确是国学功底深厚,思维也很活跃。他整理、编写和创作的庐剧《点大麦》《皮氏女》,京剧《郑成功·背父报国》《焦裕禄赞歌》《红缨似火》等剧本演出后获得观众和专家的广泛好评。融思想性与艺术性于一炉。严谨的戏剧结构,生动曲折的故事情节,朴实无华、雅俗共赏的戏剧文学语言,富有鲜明个性的人物形象……都展示了突出的艺术特色。特别是戏剧中所寓含的深刻思想,以小见大的哲理,宣扬真善美,揭露假恶丑,可以说他笔下都是宣扬正能量的主旋律作品,昭示剧作家刘定九为人民写戏的价值观、艺术观。此外,他的戏剧论文中最有影响的一篇是《对庐剧(倒七戏)起源及其发展的管见》,有很高的学术价值和史料价值。

四

家叔完颜艺舟自幼聪慧,1937年入江苏丹阳艺术专科学校学习绘画并秘密参加革命工作。解放后在安徽省文化局剧目研究室从事戏剧创作,曾改编、创作大、中、小传统剧目和现代戏近五十出,大部分出版、发行或为"保留剧目"。出版的《完艺舟剧作选》刊载十四个剧本,其中电影剧本黄梅戏《牛郎织女》、梆剧《寇准背靴》和泗洲戏《拾棉花》三剧,被拍成彩色电影和舞台艺术片,流行全国。出版的《从拉魂腔到泗洲戏》,为研究省内戏剧剧种的第一部专著。1961年加入中国共产党。"文革"后,调省出版局文艺出版社从事编审工作,编辑大量剧本集、诗歌集、曲艺集,并主编文艺期刊《演唱》,后调任省艺术创作研究院副院长,兼任大型文艺理论研究期刊《艺谭》主编。同时与我合作百万言长篇历史小说《神鹰》《神剑》《神火》,此外,出版有《完艺舟创作选》、散文集《戏海拾零》《凤舟小笺》《鸡零狗碎集》等。曾担任安徽省戏剧家协会副主席、省通俗文学研究会会长。为中国书法家协会、中国戏剧家协会会员。书法作品刊载全国多家书画集,在全国巡回展出。终身享受国务院政府特殊津贴。

20世纪80年代,叔父完颜艺舟担任《中国戏曲志·安徽卷》编辑部主任,刘定九、陆洪非、刁均宁、李文等为编辑部副主任。当时我叔父非常高兴,认为能和品学俱佳的老友们共事,必然会提高编辑质量和工作进度。

参加戏曲志编辑工作时的刘定九已年近六旬,对戏曲事业的责任感使得他和一帮老艺术家们焕发了高涨的热情。他们奋力合作,系统地记录、整理安徽各地区、各民族的戏曲资料,概括戏曲改革工作的经验教训,促进社会主义戏曲事业的繁荣,为后世保留一部比较完善的戏曲文献,是社会主义精神文明建设的重要组成部分。这是一个庞大复杂而又十分艰巨的文化系统工程。刘定九、陆洪非和叔父等戏剧家深谙肩上的重担,辛勤工作,与全省戏曲工作者一道,搜集整理了近两千万字的文字资料和数十件极为珍贵的文物古迹,真可谓鞠躬尽瘁。他们稳扎稳打,实事求是,上无愧于列祖列宗,下无愧于子孙后代,经过艰苦拼搏,耗时八年,《中国戏曲志·安徽卷》终于在1993年11月正式出版。

我被这部卷帙浩繁的著作深深感动,不仅因为是我的叔父和我的师长刘定九等参加而诱发,而是为戏剧家们的孜孜不倦,严谨劬劳的敬业精神、奋斗精神所折服。

如今,叔父已是九十七岁高龄,喜欢怀旧,常常对我说:"陆洪非、金全才都走了,我常常想去看看刘定九,就是腿不行了。"定九先生虽然也已是八十七岁的老人,但腿脚还灵便,在小儿子政屏的陪同下,每年都不忘去看望叔父,两位老人便沉湎在世交往事、国事家事以及文艺事业里,天南地北地唠个没完没了。

五

刘政屏是定九先生的小儿子,子承父志,爱好文学。先后担任新华书店几个部门的经理和安徽图书城的总经理,经营管理,宵衣旰食,但还挤出时间读书自学攻读文史,编书写文章。是中国作家协会会员,安徽散文家协会、报告文学学会理事。政屏的朋友圈多是文学、教育、新闻界的文人、教授、记者。可能也是因完、刘两家文脉世交的缘分,我自然也成了政屏的文友。他很有文学才能,发表、出版了多部作品,如散文集《月明风清》《让记忆有个落脚的地方》《倾听合肥》《享受合肥方言》《五虎出列》《以书的名义聚会》等,长篇纪实文学《就这样,我们赢了》。他主编的"合肥文字"系列丛书,我主编的《人文合肥》九卷本,似乎是一种契合,意在为合肥文化做出奉献,这动议也曾经受到我叔父和他父亲的积极鼓励。此外,"父亲节"谈孝道、作家们的文学专著发行座谈会、文学读书沙龙……他都邀我参加。还把我的长篇小说、诗集和我的八卷本《完颜海瑞文集》摆上书店展示架的显要位置。

报影

被朋友们戏称为"合肥绅士"的刘政屏,是个孝子,将父亲刘定九的剧作编辑整理,以《戏语》为书名正式出版,书中收集四个剧本:《郑成功·背父报国》《焦裕禄赞歌》《皮氏女》《点大麦》,还收入定九先生的长篇论文《对庐剧(倒七戏)起源及发展的管见》。我拿到这本书,别说有多高兴。但也有几分歉疚,省城的那么多剧作家、评论家、名记者都为刘老先生的作品写了评论、专访,我作为刘老先生的世交、后辈、同事、同行,却一直未能拿出一篇像样的文章点赞,真的很不应该啊!

今年春节期间,在一个朔风飘雪的寒冷天气中,我与妻驱车前往刘老先生的寓所,登门拜望。老先生沏好茶,摆好茶点,又指着壁上的两幅书法:一张是叔父完颜艺舟的墨迹(苏东坡词),一张是兄长海甸的手书"宁静致远"横幅(那还是1984年我们结伴去南京,专程去海甸兄家索要的书法,他是江苏省著名书法家),定九先生笑着评点道:"你叔父的字刚劲挺拔,铁画银勾,就像他刚直不阿的个性","你兄长的字飘逸洒脱,老辣苍劲。凡是到我家看到他俩的字都感叹:'现今很少见到这样的好字了。'"然后又问我叔父的近况,我说精神尚健,记性也还行,就是常常感到寂寞,腿脚也不灵便了。叔父每见到我都要问问你,又说小四子(政屏)如何有出息。刘老说,最近我就想叫政屏陪我去看看你老叔。他说自己也是八十七奔九十了,老完九十七奔百了,老朋友都相继走了,剩下的年纪都大了,

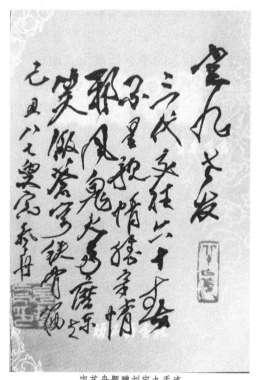

完艺舟题赠刘定九手迹

见一次难上难啦!我突然有一种莫名的沧桑之感,是啊,如今我也

年逾古稀,政屏虽小点,也已年过半百了……一百多年,完、刘两家世代相交,一线文脉绵延至今……,真应了那句古话,人生如白驹过隙,弹指一挥间啊!应该抓住现在,把握当下,珍惜分分秒秒……我见刘老先生身体尚健,精神矍铄,红光满面,身板笔直。他的屋子里没有暖气,竟然只穿一件黑尼外套,讲话依然声音洪亮,谈笑风生,有板有眼,显得一种高贵气质,儒雅风度。"我身体还可以"他说,"就是耳朵不灵了,今天你来,我特地戴上助听器,不妨碍我们谈话,免得好打岔!"定九先生的老伴刘老师也已八十多岁,坐着轮椅,一直陪着我们谈心,她一生从事教育事业,可谓是桃李满天下……

　　告别时,刘老先生坚持送我们走下四楼。上车前,我告诉他,我和我的堂弟兄们商量,准备明年给叔父大人做百岁大寿,到时一定邀请刘老和叔父的老友们共聚一堂,畅叙百年人生。

　　汽车发动了,定九先生穿着那一身薄薄的藏青色尼服,仿佛是一棵苍翠遒劲的不老松挺立大地!

　　回到寓所,独自坐在书房,感慨万千,心潮难平,沉默良久,于是口占七绝三首:《敬呈前辈刘老先生定九》

其一

庐阳一脉翰文传,刘完书香仁德藩。
君祖吾先称四杰,九霄清响世交篇。

其二

曾经浩劫晤包祠,沪上金陵结旅时。
最是生花开健笔,传奇《戏语》仰虬姿。

其三

夕阳倒射遍光明,圆梦喜闻中国风。
笑看文园真锦绣,高原之上竞高峰。

二○一六年春节
二○一六年五月四日改写

（原载《合肥地情活页》2017年第3期）

[完颜海瑞(1943—2022),安徽合肥人,曾任合肥市文联副主席、主席,国家一级编剧,中国作家协会会员,享受国务院政府特殊津贴。安徽省政协委员、合肥市政协科教文卫副主任。著有《归去来兮》《天子娇客》《神鹰》《完颜海瑞文集》(八卷)等。]

父亲的老剧本

马丽春

当父亲的,写过很多个剧本,可也从没当回事,老了老了一切安于现状;做儿子的,自己做过很多本书后,有天突然发现——为什么不给老父亲做本书呢?

于是,一个月前,他设了个宴,邀上几位文学人,再请出老父亲,恳切地让人写写他父亲。

那天我并没被派上活。

有的人,他是点了名的必须写文章;而我,是不必写的。因为于戏剧,我也的确是外行。可我见了

作者与刘定九夫妇合影

他老父亲后,突然说,我来写篇他吧。

于是,隔两天他把父亲的四个剧本,打印出来交给我。我花了数日看过。但就剧本写文章,我仍然还是写不出来的。我必须和人见过,聊过,深谈过,找到感觉方能下笔。我是个笨拙的写作者,只有真实的感受,才能形诸笔墨。

那剧本当然也是有印象的。是老才子的手笔,文字老到,故事动人,对话和场景也都是老戏曲的样子。有的是民间老戏的新整

238

理,属二度创作,有的是自己原创,属一度创作。我看的四个本子中,有两个是二度创作;两个是一度创作。刚好对半开。人物剧《焦裕禄》和历史剧《郑成功·背父报国》是老先生自己的原创,曾演过上百场。《焦裕禄》是那个年代的政治剧,上级安排任务,要求三天时间赶出来。于是,有过很多个剧本写作经验的老先生便使出浑身解数,没日没夜的,三天赶出剧本。这样的速度让我也惊奇。而儿子,更是对父亲充满了佩服。

这样的剧本,如果用现在的审美眼光来看,肯定是不理想的。人物高大上,简单,粗放,单线条,所以老先生对出书压根没半点热情,如果要出书,老剧本的台词,怎么也得改一改吧?

可儿子说,不必改动它,就保持原先的样子。是什么样,就什么样,给现在的人看看,那个年代戏剧的原生态。

对历史,尊重它,倒也是应有的态度。好也罢,坏也罢,评价它不是我们的任务。

老先生平生写过很多个剧本,大的有二十几个,小剧本,热剧,街头演出那种,则写过几十个,大大小小加起来得有上百个。如果按演出场次来说,那更是蔚然大观,动辄上百场几百场的。

老先生是1929年生人,正宗的老合肥,解放前夕合肥一中毕业。当时他考了四个大学,包括南京大学,全录取了,可家里穷,只上得起门口的这一个。这个学校解放后,又迅速变成干部速培学校。那时候,新政府才诞生,又刚接管城市,缺的就是知识干部。于是速培一年后,这帮学生就算毕业,迅速变为干部走向各个岗位。刘定九当年才21岁,却做了合肥市政府的第一个文化组长,合肥市政府当年正规高中毕业生也就他一个。这个文化组长别看官不大,可却管理着七个部门。比现在的文化局长管的摊子还多,文化、体育、园林、宗教、统战、科普都管。可以想见,这样一个年轻人,放在这个位置上,是多么的春风得意。那时候的市长市委书记都才进城,作风极亲民,文化组长和他们常打成一片。想想六十年前的往事,有多少唏嘘就有多少感叹吧。

小干部刘定九做这个城市的文化官员没几年,1958年被错误地打成"右派",被下放到工厂,厂里干部知道他这个"右派"是怎么回事,私下里一直对他不错。刘定九虽然当了"右派",他并没吃过太多苦,现如今在他家里仍保存了不少旧物。比如,他高中毕业时自己做的纪念册,有校长、教导主任、各科老师及同学的题字,都用毛笔书写,有不少字写得真是漂亮。这样的纪念册现在看起来已是珍贵的文物了。他刚参加工作时的工作证也还在,我都拍了下来。惭愧的是,我自己参加工作时的工作证却已不知了去向。老先生知道我喜欢这种旧旧的东西,便说,下回来,再给你看点旧字画。

他家是书香世家。祖父当过省议员,是太学生。大祖父(祖父的哥哥)刘访渠先生是清太学生、翰林院待诏,合肥李府(李国松)塾师兼管事。毕生致力于书艺,书法很有些名气,得过南洋劝业会一书法赛事一等奖。以布衣遨游公卿间,获观旧拓碑帖与名家墨迹甚广,所收藏亦富。民国时被段祺瑞、龚心湛聘任为国务院顾问,包公祠上还留有他的宝墨。书法家葛介屏等经常出入他们家,吴昌硕和祖父兄弟几个关系不错。刘定九说,他父亲20世纪60年代去世时,家里还留有一箱字画,就有不少张吴昌硕的字,有8枚印章是吴昌硕和他儿子刻的。他家分到的2枚,是吴昌硕儿子刻的。后来这批字画全部被抄走。家里留下的已十分有限。

20世纪20年代前期,合肥知名书法家有张子开、张琴襄和刘访渠。三人皆师从合肥沈石翁研习包安吴书法,且都能自树一帜,卓然成家。而张家和刘家又是通家之好,有儿女姻亲关系,在合肥书坛,也是一段佳话。

不过,刘定九虽出生于书家,但并没被父亲训练写字。他父亲说,写字太难了,不希望子女还走这条老路。于是,刘定九的兄弟都成了教师,而他则做了文化干部,可惜没多久便被打成"右派"。"右派"摘帽后,他被分配去了庐剧团。这庐剧团呢,也刚被政府收编不久,人员多是戏班子的,会唱戏却大多没文化。于是有文化的刘定九,便改行去写剧本。

民间戏班子被收编被改造,那代代传唱的戏呢,多是口口相传。这编剧初干的活,大概就是根据老艺人的叙述去整理出文本出来。有了文本,那些淫词滥调还要改造。于是乎,整理,加工,改造,就是编剧早期的工作。可是光有旧本子还不行吧,新社会了,还得有新本子,这才是编剧正儿八经长袖善舞之所在。

黄梅戏最大牌的演员严凤英和编剧王冠亚这对夫妻档,刘定九都认识且很熟,他和王冠亚还有过合作。刘定九编的一部戏《红樱似火》,王冠亚是导演,这戏当年还演过无数场,红过一阵子。

1975年刘定九做了主持工作的青年京剧团副团长。83年这个剧团被合并到省京剧团后,刘定九又回到市文化局做戏曲研究去了。他参与《中国戏曲志·安徽卷》的编纂。他送我一本小书,名《合肥戏剧》,收有一篇他的戏剧论文并一个剧本。他的那篇论文,我抽了个空还特别看了,写得真是好。有理有据,又严谨,还有文采。

刘定九在兄弟四人中行四,家人称他为四爷。三位兄长都是教师。他和夫人的家族都盛产教师。两边做教师的将近二十位。刘夫人省女中毕业,一辈子做教师,她父亲是合肥市解放前的教育局局长,也做教师。夫人也姓刘,81岁了,说话温文尔雅,风度极佳。老伴耳背,她听力好,我采访时很多时候得夫人在旁提醒一声。夫妻俩都是离休干部,住处离小儿子家仅一碗汤距离。这一切都是小儿子买房时特意安排的。他在一个老小区里给自己买了一套房子,又在不远处给父母买了一套房子,方便早晚探视,媳妇则帮着采买等琐事。老人生活自是安心安逸。

夫妻俩看起来很默契。两位老人白发童颜,那白净的皮肤,让你看了恨不能用手去摸上一摸。这样的皮肤看了实在是美,老人中不太多见吧?

他们有四个儿子。小儿子在兄弟中行四,颇有文化,也颇孝顺爹妈,写书出书做书策划书,一生中最美好的年华他都贡献给了书。《以书的名义聚会》是他即将推出的一本新书。这次他将同时推出上下两册书,厉害吧？有趣的是,他工作二十多年的科教书店(现在是合肥最时尚的新华书店三孝口店)店址,却是六十多年前他大外祖父(外祖父的哥哥)的老宅,这似乎也注定了他和这片土地割不断的情感。他的《享受合肥方言》,以非方言家的身份写下这个城的方言,让人很意外是不是？这本书的扉页是我题写的。他以个人名义出的合肥文化丛书,恐怕也是这个大都会独一无二的。虽然官方策划过不少书,可那是官方,算不得什么。他为合肥写的书做的书,却都是出于他对这个城市的一腔热爱。没人比他更热爱这个城市了。他还准备写一本和这城市更有肌肤之亲的书,那些一百年前半世纪前这个城市的风雅人士中,便有他先祖的身影。倘若换做我,我一定也会写一写这些淌在我血脉中的先祖们。他们当年的气度、胸襟和情怀,他们的过往和人生。

有人给他贴了个"合肥绅士"的标签。还是我朋友木槿贴的。为何贴这个"标签"呢？也是因了他形象优雅、做人谦和、做事周到这些原因吧。

那天是他陪我去他父母家的,虽然没聊多长时间,但我下楼梯时已恍然一切:原来优雅的源头在他爹妈那里啊。

这人不说名字你们也知道。合肥文化圈没人不认识他,大名叫刘政屏。我写过他两篇文章,这是第三篇,虽然写的是他父亲的老剧本。

但刘政屏,才是父亲刘定九最好的文章吧？

[马丽春,浙江永康人,医学硕士,高级编辑,资深媒体人。安徽省散文随笔学会副会长,安徽省写作学会副会长。著有《与欲望无关》《画画这事儿》《大宋名臣包拯》等。]

"老爸,还是出一本书吧!"

——刘政屏为86岁老父刘定九出书尽孝道

"说实话,给父亲出书,比我自己出书还累,还有压力!"这是今年春节后,刘政屏帮父亲刘定九出版的《戏语》面世后,笑着道出的"苦水"。

而《戏语》的出版,则是刘政屏将对父亲的崇敬转化为尽孝道,甚至可以说是对地方传统文化的一种"抢救性"保护的自觉行动。

父亲一生奉献戏剧

《合肥晚报》报影

今年86岁的刘定九是土生土长的合肥人,长期从事文化戏剧工作,曾是新中国成立初期,合肥市政府首位专职文化干部,也是合肥市文教科文化组组长。

从1957年开始,刘定九便与戏剧正式结缘。因为工作需要,一部一部的作品从他手下诞生,经他编剧的戏剧剧本就多达二十多部,这些作品走上舞台,很受老百姓欢迎,极大地丰富了老百姓的生活。

不仅如此,刘定九还参与编写了《中国戏曲志·安徽卷》,担任副

243

主任的他,同时又是庐剧条目编写的主要负责人之一,"安徽卷"的编纂出版,对安徽的戏曲科学乃至其他许多学科研究具有十分重要的学术价值,对安徽的文化建设起着不可替代的作用。

可以说,刘定九将满腔的热情和才华倾注在戏剧,特别是庐剧艺术的发扬光大上,花费了他大半生的时间,为安徽的文化事业倾尽了自己的力量。

传承庐州传统文化

也许是传承了父亲对文化事业的热爱,作为刘定九最小的儿子,今年52岁的刘政屏一直就没有生活在"文化"之外,也一直没有生活在"庐州"之外,身为合肥新华书店市场部经理的他,藏书、读书、写书、卖书、推介书,是一个真正的"文化"人。他著有《阅读合肥》《倾听合肥》《享受合肥方言》等有家乡地方特色的书籍,深受本地和外籍合肥人的欢迎,这些书让更多的人了解了合肥。

"我父亲的文字功底深厚,我是远远比不上的,读起父亲的剧本唱段,就像是在读一首诗!"提起父亲,刘政屏在言谈中,表现出更多的,是对父亲的崇敬。

儿子不断旁敲侧击

刘政屏每次探望父亲,心里都很着急,因为父亲刘定九当年编写的剧本,基本上是以手稿及口口相传的形式保存下来的,时间一长,手稿纸张慢慢变脆,字迹也慢慢模糊,口口相传中,不免有些增删和改变。

"父亲为庐剧操劳了大半辈子,应该体现他在社会中的价值,应该有一本自己的书!"刘政屏从10年前,就一直暗暗自忖,并时不时向父亲提出"出书"的话题,但都被刘定九回绝了。回绝的理由,在现在看来都不是理由:出书是大事,是很复杂繁琐的事,作品不成熟,是不能随便出的。在刘定九看来,就是"干事要稳当"。

"父亲是一个有主张的人。"刘政屏实在说服不了父亲,就采取"迂回"战术,通过母亲做父亲的"工作"……

前几年,和刘定九同辈的老友们都陆续出了书,送给刘定九……

终于,刘定九把躺在柜子里几十年的手稿拿了出来。

修改原稿充满艰辛

对于剧本怎么做,刘定九的想法很纯粹,就是要还原庐剧的本来面目,内容一定要经得起时代的考验,唱词一定要经得起推敲。但刘政屏每天和书打交,明白怎么把书做得更好看,更市场化一点,更能为读者所接受。"在这一点上,我们父子之间是有'碰撞'的!"刘政屏坦言。

一开始,刘定九对着手稿,誊写到稿纸上,再在稿纸上进行修改,改一遍,誊抄一遍,最后,手臂都出现了一些状况。

为了不让父亲太辛苦,刘政屏就带领几个孙子辈分工录入剧本,再打印出来,由父亲修改。刘政屏说:"参与是一种孝心,这只是表层的。更重要的是,我要让他们感受一下,自己的爷爷这辈子究竟做了什么,包括在戏剧上的成就,为戏剧的贡献!"

在整理改写剧本的那段时间,父亲的辛苦刘政屏看在眼里,内心也十分矛盾:既想让父亲做一点事,丰富他的晚年生活,又怕父亲累着。

父亲出书儿子压力很大

《戏语》中一共包含了四个剧本,刘政屏为每部剧本都写了一篇述评或读后感。

"因为是我的父亲,我能写出一些别人写不到的东西!"刘政屏述说着作为儿子,为父亲写文章的不易:"一方面,父亲文字功底深厚,我必须全力以赴认认真真地写;另一方面,又必须要客观,但作为儿子来解读父亲的作品,必然会融入自己的感情,这两者的度,真的是很不容易把握!"

为了让书更能为读者所接受,刘政屏四处奔走,请安徽文化界的一些知名人士为父亲的每个剧本写评论和分析文章。刘政屏认为,有些人,特别一些年轻人,你让他看剧本,很难,但这本书,如果从后面的文章开始看,就会非常有兴趣看下去的。

"孝顺不仅仅是照顾好老人的起居生活,言语上不顶撞,最重要的是,要把老人想做的事、应该做的事做下去!"这不仅是刘政屏一开始劝父亲出书的原因,也是为父亲出书付出那么多的原因。

文化名家评价《戏语》

《戏语》出版后,得到了戏剧爱好者,特别是庐剧爱好者的关注。国家一级编剧完颜海瑞致信祝贺:

> 庐阳江在翰文传,刘氏崇门仁德藩。
> 定祖吾先尊四杰,九霄余响世交篇。
> 曾经浩劫晤荒祠,沪上京陵结旅时。
> 最是生花开健笔,传奇戏语铸虬姿。

中国作家协会全委会委员,安徽作家协会副主席、著名作家许春樵看到《戏语》出版后,感叹:老爷子戏剧功力之深、实力之强、创造力之新,敬佩不已! 政屏四篇点评,举重若轻,却切中肯綮,真乃"知父莫若子"……

"《戏语》是我父亲的第一部作品,老人家还有好多东西,我打算把它们整理出来,帮他把应该做的、想做的事情做下去!"刘政屏这样盘算着……

(原载 2015 年 5 月 30 日《合肥晚报》)

后　记

　　《秋毫露滴——庐州刘氏文墨初辑》是我家三代人的合集,也是我一直想完成的一件事,最近三年,更是为之付出大量的时间和精力。

　　我祖父刘炳卿,安徽著名文化人,毕生研习书法,有着极高的文化艺术修养和社会影响,晚年参与政协文史资料写作。作品发表于《安徽文博》《安徽文史资料》等。其中《合肥沈用熙书法源流》对于近代合肥的书法艺术的发展作了比较全面的论述;《先伯父访渠公事略》是研究合肥著名文化大家刘访渠难得的第一手资料。

　　祖父毕生研习书法,但也著有一些相关的文字,可惜大多都在那场浩劫中丢失了,幸亏父亲冒着很大的风险保留下来一部分。其中尤其珍贵的是祖父在晚年抄写的名家为家族写的一些文章,可以说,如果没有祖父这些抄件,没有父亲的机智果断,就不会有这本书。

　　我父亲刘定九,安徽著名文化人、戏剧作家。多年从事戏剧研究和管理工作,创作整理剧本《郑成功·背父报国》《红缨似火》《皮氏女》等,出版戏剧作品集《戏语》。

　　父亲一生创作和整理了很多剧本,涉及庐剧、话剧、京剧等剧种,本书收录的两部剧本具有一定的时代感和代表性,反映出安徽戏剧整理和创作的特色和水平。《红缨似火》是我父亲比较满意的作品,他老人家认为《卖洋纱》不是很好,但我觉得风风雨雨的能够留下来就很不容易,所以还是收进来了。两篇文章虽然作于二三十年前,但是是经过充分思考得出的结论和建议,至今看来还是有它的价值。两首唱词似乎是即兴之作,实际上是那个时代人们内心欢快、喜悦心情的自然流露,通过轻快流畅的文字,我们可以感受到那时候的人们的开心顺畅和积极向上的心态。

我的十几篇文字都是专门为这本书写的,内容涉及家族乃至合肥、安徽的历史、文化及对外文化交流,尤其是对书法名家刘访渠的生平及其与吴昌硕、缪荃孙、李审言、郑孝胥、蒯光典等人的交往,有比较详细的记录。这些文章的写作过程相当艰苦,限于能力和相关资料严重短缺,从开始时无从下笔,到渐渐找到一些感觉和途径,的确很不容易。从网上寻找有价值的线索,想方设法购买相关历史人物的作品集和传记,然后进行大量耐心细致的阅读和比对,从中找出有用的资料,为文章增加细节,使之更加充实丰满。

通过这些作品的写作,不但让我对家族的历史有了更多的了解,同时也拓展了一些视野,打开了一些思路,对我以后的合肥地方文化和对外文化交往史的研究和写作,都会有很大帮助。

附录里的文章,大多出于李审言、马其昶、张子开、陈维藩、江伯瑟、沈曾迈等名家,大部分为首次公开。除此之外,正文中也有许多引文是源于家族长辈与他们的交往通信,这些文稿劫后余存,颇为珍贵。为保存它们的原貌,其中一些文字一仍其旧,未作修改,在此说明。这些文字所占篇幅不大,但分量很重,甚至可以说是这本书的基础和支撑。向他们致敬,感谢他们真挚精当的文字,以及对于我们家族的关心和厚爱。感谢每一位帮助和关心这本书的老师和朋友!

我的学识和能力等方面的原因,书中一定会有不少问题,请大家不吝指正,多多包涵。谢谢!

刘政屏

2020年7月

2020年开始的时光，有时候很慢，有时候很快，当我把《秋毫露滴——庐州刘氏文墨初辑》交给出版社的时候，是2022年7月，而它后记的写作时间是2年前的2020年7月。

曾经有好一段时间，我为《秋毫露滴——庐州刘氏文墨初辑》这本书没能在2019年12月1日前出版而沮丧不已，后来我的感觉渐渐有了变化，以至于到后来有些后怕和庆幸。因为随着时间的推移，我了解了不少新的史实，知道了不少新的细节，更为重要的是，我发现了不少书稿里的问题和错误，以至于时常会惊出一身冷汗。

由于这本书，我接触到不少合肥的地方文化和名人，通过购进和查阅越来越多的文献资料，我对清末及民国合肥文化人的成就和对外交往有了更多的了解，并因此又写了《合肥风雅往事》这本书。在处理《秋毫露滴》与《合肥风雅往事》部分重复题材和内容时，我的原则是各有侧重，尽力减少相同的内容重复出现。

感谢王光汉教授为本书附录及相关文字的审核把关。

感谢安徽省作家协会主席许春樵先生为本书作序。

感谢安徽师范大学出版社高效快速地出版本书。

感谢每一位关心和支持本书出版的亲友和读者。

刘政屏又记

2022年7月25日